超報復力

いじめる相手を徹底的に見返す方法

メンタリスト
DaiGo

PHP

目次　超報復力

序章　いじめられたことは、いまではもっとも強烈な砦

8年間続いたいじめから人生を変えることに成功……8
いじめられたら見返してやればいい……10
すべてを捨ててきた私が仲間とビジネスを始めた……12
窮地に陥ったときに手元に残るもの……14

第1章　人間関係がこじれるのはなぜか

いじめる側、いじめられる側の意外な共通点……18
いじめっ子ほど得をするってほんとう!?……21

苦しい日常を変えるための三つの強力な武器……25
嫌われることを必要以上に恐れると対人トラブルを招く……35
悪気のない〝あの行為〟で仲間はずれになる⁉……39
表面的な人間関係しかつくれない人がやりがちなこと……44
「嫌われたかもしれない」という思い込みが生む弊害……49
人間は相手の好意を察するのが苦手な生き物……53
笑顔でいるのに人間関係がうまくいかないワケ……56
なぜ、嫌われたくないという気持ちが報われないのか……67
他人に悪い印象を与えがちな人が気をつけるべきこと……70
みんなが敵に見える人に共通する生活習慣……73

第2章 面倒な人はこうかわす

いい人のふりして攻撃してくる人を撃退するには……80
面倒な人に絡まれなくなるための簡単で最強な方法……86

第3章

もう職場で病まない！悩まない！

ケンカを最短で終わらせるポイントは「未来」にある……89
頑固な相手の意見を変える決定版テクニック……92
上から目線は類似点・共通点を活かして叩きつぶす！……96
「雨が降ってすみません」のひと言で信頼感がアップ……101
土下座をしてもほとんど謝罪の効果はない……103
仲直りが上手な人たちが口にする魔法の言葉……107
サイコパスに学ぶ、怒りをうまく切り離すスルー技術……109
話を聞いてくれない人にはポジティブな情報から伝えよう……113
頼み事には人間関係をぐんと深めるタイミングがある……118
説得するのが無駄な相手は4回で見抜ける……123
「頑固なバカ」を頭ごなしに否定するのはNG……127
自分のことを棚にあげる〝残念な相手〟への対処法……133

あなたが上司から目の敵にされるほんとうのワケ …… 142
知らないうちにメンタルが壊れていく働き方とは …… 148
いまの職場を4週間で働きやすく変える方法 …… 151
職場のトラブルの9割は「好奇心」で解決できる …… 155
職場の人間関係のミスを減らす味方のつくり方 …… 161
仕事の人間関係に疲れてしまう真の理由は罪悪感 …… 163
上司から2倍もパワハラ・モラハラされる人の特徴 …… 166
嫌味や皮肉はアイデアをもたらす糧と考えよう …… 168
嫌なタイプをモデルにすれば目標達成率がアップする⁉ …… 170
第一印象は体型でコントロールできる！ …… 179
内向的な人にまつわる三つのウソ …… 185
こんな上司からは期待されないほうが得をする …… 190

第4章 人生の宝物を手に入れよう！

心と体にダメージを与えないキャラクターの演じ方……196
人間関係にヒビを入れない親切の取り扱い方とは……202
コミュ力の高い人が無意識にやっていること……204
自分を偽らなければ嫌な相手は自然に離れていく……206
この三つの思い込みから抜け出せば人生が激変する！……209
やる気と自信といい人間関係を1週間で手に入れる……215
ほんとうに信じられる人間関係をつくる唯一の方法……217
人間関係で損する人と得する人を決めるのは信用度……222
「どうでもいい人」から卒業するための三つのテクニック……227

参考文献一覧 238

序章

いじめられたことは、いまではもっとも強烈な砦

8年間続いたいじめから人生を変えることに成功

いじめられた経験があるとか、いままさに学校や会社でいじめられているという人もいると思います。いじめというのは、学校だけではなく、職場あるいは近所づきあいのなかでも存在します。

なぜ、人間は特定の誰かを叩いたり、複数人で寄ってたかって一人をいじめたりするのでしょうか。

たとえば、芸能人の不祥事が週刊誌にスクープされると、あらゆるメディアだけでなく、一般人までもがSNS（ソーシャル・ネットワーキング・サービス）などで、その人を攻撃するというような現象を見てもわかるように、いじめや他人を追いつめる行為はおそらくなくならないだろうと思います。

私の場合は、小学1年から中学2年まで8年間、いじめられていました。当然ですが、いじめられるのはかなりつらいものです。靴のなかにがびょうを入れられたり、トイレに入っているときに水をかけられたり……。

いまのようにスマートフォン（スマホ）があるわけでもないので証拠を写真に撮ることもできず、学校の先生も助けてくれませんでした。

いじめられた人間は、自分は生きる価値がない（と思うまではいかなくても）、いじめられて当然の存在だと思うようになります。私もそうでした。自分が無力であるということを受け入れれば、これが普通なのだと、その状況に耐えることができるようになるからです。

なかには、いじめられている自分を受け入れることができず、自ら死を選ぶなど、悲しい結末にいたる人もいます。

では、**いじめられている人はただ耐えるしかないのかというと、そんなことはまったくありません。**

私はいじめられたおかげで、自分を変えなくてはいけないという必要性に迫られ、中2のときにいじめっ子にやり返しました。そして、そこから自分を大きく変える努力をして、人生を変えることに成功したのです。

いじめられたら見返してやればいい

「お前は、この会社には必要ない人間だ」などと言う人がいますが、仮にその会社では必要がないとしても、社会で必要がないかどうかはまったく別の話です。

頭を使って事業を起こしたり、YouTubeなどネット上で成功してすごく稼いだりすれば、そんなやつらをいくらでも見返すことができます。

私をいじめていた人たちが、いま何をしているのか知りません。一般的な仕事をしているとすれば、彼らが一生かけて稼ぐお金を、私は3カ月から半年くらいのスパンで税金として納めています。

言い方は悪いかもしれませんが、もはや住んでいる世界が違うのです。いま思えば、私をいじめていた相手といじめを見て見ぬふりをしていた先生に対しては、許しはしませんが、ある意味、感謝の言葉を述べることができると思います。

いじめられているからといって、「だから自分の人生はダメなんだ」と考えないことです。もちろん、いじめから立ち直るのにかかる時間は人それぞれですし、いまは光が見えないという人もいると思います。でも、それを**乗り越えれば、いじめられた人間のほうが圧倒的に強くなれます。**

一回、いじめられた経験をしておくと、人生は怖くなくなります。

私も小さいころ、まわりが全部敵に見えたことがありましたが、おかげで、いまはアンチに何か言われたり、週刊誌に何か書かれたりしても、もう、そよ風みたいなものに感じられます。

だって、全員から否定されるわけではなく、たとえ敵ができても、YouTubeや独自の動画配信サービス「Dラボ」を見てくれる方たちがいますし、最終的には仲間がいるからです。味方になってくれる人がいることがわかっているので、叩かれたところで痛くもかゆくもありません。そうなると、人は強くなれるのです。

いじめられたら、見返してやればいいのです。

本書では、私自身の経験も含め、科学的な根拠を示しながら、いじめや嫌なやつと向き合い、乗り越える方法を紹介しています。

みなさんも、**いまを乗り越えたら、もう何も怖くなくなる**と考えてください。あまり自分を追いつめすぎるのはやめましょう。マイペースに考えることが大切です。必ず光は見えてきます。見えてきたその光は、普通の人が見ている光よりもまばゆい光になっているはずです。

すべてを捨ててきた私が仲間とビジネスを始めた

いじめられていた8年間、私には友達がいませんでした。そんな私がなぜ、生きていられたのかというと、無力であることを学ぶ悲しい性質（学習性無力感）によるものです。自分は価値がないダメな人間だから、いじめられてもしかたがないのだと納得していました。

そこで私が何を身につけたかというと、「自分をあきらめる力」です。私はそう思っています。多くの人が、自分自身の成功や自分が行なっている専門的な業務、自分が世の中でどのように思われているかなどに執着します。どうしてもしがみつくわけです。

でも、私は、自分のなかにしがみつくものがありませんでした。自分は何もない人間だと思い、8年間、すべてをあきらめる練習をしてきたので、捨てることに慣れたからです。

ですから私は、自分が手に入れたものをいつでも捨てることができます。タレント業だって捨てられます。ほかにお金を稼ぐ手段はありますし、べつに人から賞賛されたいとも思っていません。

いまは動画制作や作家業などをしていますが、それよりもやりたいことや、やったほうがいいことができたら、執着なく捨てることができます。私がどうしても捨てられないのは、本と猫くらいではないでしょうか。

これが、いじめから学んだことです。

何ももたない人間は、失うものがないので、とても強いです。いま自分がもっているものや、大事だと思っているものも、それよりももっといいものと交換できるのであれば、いつでも手放せばいいと思えるのです。ある意味、やりたい放題です。

そんなすべてを捨ててきた私が、いま仲間たちとビジネスをするようになっています。これはほんとうにすごいことだと思っています。

私自身も、一緒にいるメンバーたちも、みんな一人でも十分に生きていける人たちです。にもかかわらず、彼・彼女らとやっていけるのは、ほんとうの友達であり、仲間だからではないかと思います。

一人でもやっていける人たちが一緒にいるのであれば、そこには特別な意味がありますが、誰かと一緒でないとやっていけない人たちが集まっても、それは真の友情ではない、というのが私の考え方です。

いじめられてきたことで、すべてをあきらめたわけですが、それでも**残ったものこそがかけがえのないものだといえる**のではないでしょうか。

これが私の考え方であり、いじめられたことは、いまでは私を守ってくれるもっとも強烈な砦《とりで》になっています。

窮地に陥ったときに手元に残るもの

私は大学卒業後、メンタリストになり、テレビの世界にかかわるようになりました。でも、テレビの世界は〝二枚舌〟の人が多いうえに、仕事が安定しないのに拘束時間はやたらと長く、自由がありませんでした。

テレビに出ているタレントさんたちは、いい服を着たり、高級店で食事をしたりして、いい生活をしているように見えます。でも、それは、そうやって華やかに見せているにすぎません。

タレントがマネジャーと親密になって個人事務所をつくったりしないように、定期的にマネジャーを変える事務所もあります。また、所属タレントの熱愛報道を、事務所がみずからリークすることもあります。当然、事務所が報道の火消しにまわりますから、それを盾にして安い給料で働かせるのです。

こうしたことから、誰も何も信じることができなくなって、おかしな宗教や占い師にはまってしまうタレントさんがいますが、まったく同じことが私にも起こりました。人間不信に陥《おちい》って仕事を放棄し、一時期、お金に踊らされているような人たちとつきあったのです。信じられるものは、もうお金だけだと考えていたからです。

結局、**誰かに依存してはダメ**だということです。**お互いに独立している人どうしがつきあうことが大事**です。自分は自分、相手は相手、でも一緒にいると大きなことができるという関係でなければなりません。

私は、そんな相手とだけ組もう、と考えました。さらに、他人や場所、とくに大きな権力に依存しないような仕事をめざそうと決めました。

私は、自分の過去の失敗も、いじめられたことも隠さず言いますし、嫌な仕事をしていたこともさらけ出しています。そんな人間でも変わることができたのだから、もしかしたら自分にもできるかもしれないと思ってもらいたいのです。

人間は自分自身に期待するべきで、**他人に期待するから裏切られる**のです。勝手に期待して勝手に裏切られ、結果、勝手にふさぎこんでいたのが当時の私だったといえます。

依存する相手がなくなり、永遠に一人でもできるようなビジネスをやってみようと自分の頭で考え、手に入れたのが、いまの状況です。

大事なのは、失敗するかどうかとか、挫折するかどうかということではなく、そこから何を学ぶかです。自分にとっていちばん大事なものは何なのか、**すべてを失ったときに手元に残るものは何なのか**、これを見極めるために「窮地」というものがあります。窮地に陥ったときに、これを利用しないのはとてももったいないと思います。

いままで挫折したことがある人、いま挫折している人、あるいは、これから先に挫折するかもしれない人は、このことに思いを馳せてください。きっとそこから答えが見つかるはずです。

第1章

人間関係がこじれるのはなぜか

いじめる側、いじめられる側の意外な共通点

まずは、いじめの問題を抱える子供たちの一般的な特徴がわかったという研究について紹介しましょう（なお、本書では、いじめる側、いじめられる側のどちらも含めて、「いじめの問題を抱える子供」と定義します）。ただし、いじめられていた私の場合はこれにあてはまりませんし、全員にあてはまるわけではないことは強調しておきます。

親であれば誰でも、自分の子供にはいじめる側にもいじめられる側にもなってほしくないと思うはずです。２０１９年のフロリダ・アトランティック大学の研究によると、いじめの問題を抱える子供たちは、親の育て方にある共通した特徴があることがわかりました。

この研究では、13歳の子供を１４０９人集めて3年間の追跡調査を行なっています。いじめの研究としてはかなり長いほうだと思います。

研究チームは子供の知性、家庭環境、いつごろ生まれたのか、兄弟の何番目に生まれ

たのかなど、さまざまなデータと照らし合わせて、いじめる側になりやすい子供、いじめられる側になりやすい子供にはなにかしらの共通点があるのかを調べていきました。

その結果、親の育て方がけっこう大きな影響を与えていたということです。もちろん、いじめの原因はとても複雑なものですが、**いじめの問題を抱える可能性をもっとも高めるのは親の育て方**だったのです。

では、どんな共通点があったのでしょうか。それは、**子供を侮辱する親に育てられたケースが非常に多かった**のです。

たとえば、子供が何かをうまくできなかったときに、

「なんでこんなことができないの」

「バカなの!?」

「ほかの子はみんなできてるのに」

「○○ちゃんはもっと勉強しているのよ」

「誰が学費を払っていると思っているんだ」

というように、子供のプライドを傷つける叱り方をする親です。

勉強しない子供に、「勉強しなさい！」とストレートに注意するのは問題ありませんが、

侮辱したりプライドを傷つけたりする叱り方や注意の仕方をされた子供は、いじめの問題を抱えやすいことがわかりました。

このような育て方をされた子供は、自分が目標を達成するだけの能力をもっているという自信（自己効力感）を失いやすく、いじめられたときに文句が言えず我慢したり、まわりが助けてくれるのを待ったりするようになりやすいのです。また、侮辱されたことで親をうまく頼れなかったり、他人との距離がうまくとれなくなったり、気に食わない他人に対して攻撃的になったりするそうです。

この研究では親が対象でしたが、教師などでも同様の結果になるのではないかと考えられています。子供を叱ったり注意したりする場合、侮辱するような言葉は使わないほうがいいのです。

前述のように、ネガティブな、ネチネチした表現で恥や罪悪感を使って子供をコントロールしようとする親のことを「心理コントロール傾向のある親」といいます。このような心理コントロールを行なうと、人生の満足度が著《いちじる》しく下がり、メンタルヘルスが低下し、子供の未来がつぶされてしまうことがわかっています。

ちなみに、子育てのスタイルを調べたロンドン大学が５３００人分の調査データをもとに、少年期・中年期・高年期における幸福度と親の育て方との関係性を調べた結果、いわゆる「毒親」には心理コントロールをしようとする特徴があることがわかっています。

子供のプライバシーを侵害する、子供を侮辱する、子供に決定権を与えず、すべて親の承諾が必要というのは、子供を人間として扱わず、心理コントロールをしていることになります。これをすると、子供はまわりの人とうまく距離をとれなくなり、仲間に入ることができなかったり、攻撃的になって手を出したりして、いじめの問題を抱える子供になるわけです。

いじめっ子ほど得をするってほんとう⁉

じつは、ちょっとせつない研究があります。子供時代のいじめの加害者と被害者では、どちらが人生で得をするかを調べたもので、いじめを人生を変えるきっかけにしなかった場合、圧倒的にいじめているほうが得をすることがわかっています。

アメリカのデューク大学などの研究によると、子供時代に仲間やクラスメートをいじめる側にいた人は、いじめられていた子供やいじめに関係のなかった人にくらべて、大人になってから健康である可能性が高いことが示唆されているのです。

これは1993年に、アメリカのノースカロライナ州で開始された健康調査のデータをベースにしたもので、1420人の子供たちを対象に、9歳のときから繰り返し調査を行ないました。そして、20代前半になるまでにどれくらいいじめを受けたのかを調べるとともに、その人たちの血液検査なども行なって健康度合いを調べた研究です。

その結果、**いじめていた側のほうが、いじめられていた側やいじめにかかわっていなかった人たちよりも健康的である**ことがわかったのです。

具体的には、子供時代にいじめを繰り返していた人は、成人後にCRP（C-リアクティブ・プロテイン）という体内の炎症や老化の度合いを測るときに使われる数値が低い傾向があったのです。つまり、子供のころにいじめを繰り返していた人のほうが、体内の炎症が少なかったのです。

だからといって、子供はいじめっ子になったほうがいいと言っているわけではありません。そうではなく、いじめっ子は、大人になってからしれっと得をしているので許せないという話です。

逆に、子供のころにいじめられていた人はどうかというと、成人後のCRPがもっとも高い傾向がありました。つまり、子供のころにいじめられて、そのまま大人になると、体内のCRPが高いために、脳の炎症が原因ともいわれるうつ病に悩んだり、体の老化が進みやすくなったり、不安を感じやすくストレスに弱くなったりする可能性が高くなるのです。

子供のころに、いじめる側といじめられる側の両方を経験する人もいると思います。こうした人の体内のCRPは普通でした。つまり、子供のころにいじめる側を経験するとCRPが下がり、いじめられる側を経験するとCRPが上がり、両方を経験すると普通になるということです。神様はなかなか残酷ですよね。

ちなみに、もともとCRPが高く、体が弱かったからいじめられたのではないかという反論もあるかと思いますが、それとは関係がないことも調べられています。もともとの健康レベルに関係なく、いじめられたことにより体内のCRPが上がっていたということです。ひどい話ですね。

いじめっ子のCRPが低くなる理由は、はっきりとはわかっていないようですが、研究チームによれば、**いじめをすることにより社会的地位が高くなったような錯覚をも**

たらすのかもしれないといわれています。

実際に大人になって、社会的地位が高かったり、自分のほうが地位が上だと思ったりしている人、社会的に認められている人や会社での地位が高い社長や役員のほうが、そうでない人にくらべて健康になることがわかっています。

社会的地位は、体の健康や体内のCRPと結びつくということです。そういう意味で、社会的に成功したり地位を高めたりすることがとても重要になります。

子供時代には、社会的地位を感じることはそれほどないと思います。勉強ができるかといって社会的地位が高いかというと、それが学歴の差になることはあっても、同じ学校のなかでは変わらないはずだからです。ですから、子供のころの社会的地位の差は、いじめる側なのか、いじめられる側なのかということで決まり、それが大人になってからの体内のCRPレベルにけっこうな影響を与えるという研究です。

一方で、いじめられる側については、過去の研究でもデメリットがいろいろとわかっていて、子供のころにいじめられた経験は成人後、ストレスに弱い体をつくるという報告があります。要するに、いじめられた経験がある人たちは、大人になってからもそのような足枷《あしかせ》をはめられてしまうわけです。

そのために普通の人よりも努力し、がんばらないと成功しないとか、過去のトラウマのせいで自分は成功できないと考えてしまう人もいるかもしれません。

でも、この研究のいいところは、**自分は子供のころにいじめられたので大人になってから炎症が起こりやすいと理解することで、炎症や不安、うつに必要な対策をとればいい**ということがわかる点です。

苦しい日常を変えるための三つの強力な武器

では、いままさにしんどい状況にある人は、どうすれば人生を変えることができるのでしょうか。みなさんの苦しい日常を変えるための三つの強力な武器を紹介します。

❶エクスプレッシブ・ライティング(筆記開示)

人間はストレスがかかったり追いつめられたりすると、そこから脱却するのが非常に難しくなります。なぜかというと、そうした場合には視野が狭くなりがちだからです。

ふだんであれば、何かにチャレンジしたり、きちんと問題に取り組んだりして、問題の解決策を思いつき、自分の人生をよりよくすることができるはずです。よほどの天才たちは別として、人間の能力にはそんなに差はありませんから、**勉強したり努力したりすることで、どんな人でもすごい存在になっていく**わけです。ここがポイントなんですね。

でも、追いつめられているときには、人の能力は下がります。その下がった能力を自分の能力だと勘違いすると、そこから抜け出せなくなり、やはり自分は何もできない無力な人間だと考えてしまうのです。

ですから、まずは**ストレスや追いつめられたことにより下がった能力を元にもどすところから始める必要**があります。そのためにいちばん使える方法が、エクスプレッシブ・ライティングなのです。

エクスプレッシブ・ライティングとは、１９８０年代ごろから使われはじめた非常に簡単な心理療法です。自分が体験しているネガティブな経験や感情、頭の中に湧いているネガティブなことを、ひたすら紙に書き出すだけのとてもシンプルなものです。

具体的には、いじめられてしんどい思いや、会社で受けている嫌がらせで感じていることなど、自分の感情をひたすら紙に書き出します。

「会社で○○さんから、企画の進め方で嫌がらせを受けてしんどかった」
「あの人のこういうふうに笑っているところが怖いし、会社に毎日行くのが嫌だ」
ということをひたすら書いていくのです。

このエクスプレッシブ・ライティングには数百を超える実証研究があり、不安やうつ状態の改善、ストレスケアの効果が高いことが確認されています。毎日8分以上書きつづけるのがおすすめですが、最長でも20分までにしてください。

実際に、エクスプレッシブ・ライティングを行なうと、ネガティブな感情が減ります。1日8分間、毎日行なうと、始めてから数週間から数カ月でうつの状態や不安、感情のアップダウンが減ったということが、1997年の研究でも確認されています。ほかにも、2009年の研究で、幸福感や認知機能が高まったことが確認されています。

日本で行なわれた研究でも、メンタルを回復させたり、集中力を高めてくれたりすることがわかっています。それだけではなく、

「感情のコントロールを司《つかさど》っているワーキングメモリーという能力が5週間で改善した」
「夫婦関係やカップルの関係がよくなった」

というような効果が確認されています。

苦手な人や嫌いな相手に対してエクスプレッシブ・ライティングを行なうと、その相手を許せる感情が生まれてきたという研究もありますし、イラっとしたときなどに行なうことで、冷静に対処するための方法が見えてくるはずです。

大事なのは、**自分が感じているネガティブな感情や、その日に感じた嫌な体験を、できるだけ具体的に書く**ことです。

その際、「今日も最悪だった」というようなのはダメです。具体的に、誰にどんなことをされて、そのときに感じた感情はどんなものだったのかを、できるだけ具体的に細かく書いてください。

「今日は、この人から、この時間に、こんなふうに言われたことで、最悪だという感情を感じたけれども、その最悪という感情は、ちょっと恥ずかしい感情と悲しみが混ざったようなものだった」

というように、なるべく具体的に細かく書くことです。**細かく書けば書くほど、その感情に縛《しば》られることがなくなります。**

❷ 成長マインドセットを知る

人間は、「固定マインドセット」と「成長マインドセット」という二つの考え方をもっています。固定マインドセットとは、「努力しても自分は変わらない」という考え方です。一方、**自分が努力したり行動したりすることによって、なにかしら確実に変わっていくという考え方が「成長マインドセット」**です。

いじめられている人や、いままさにしんどい日常を送っている人は、固定マインドセットになっている人が多いといえます。お金に関しても、貧困状態になっている人ほど固定マインドセットになっているといわれています。その状況から抜け出せると信じていないから、貧困から抜け出せないのです。

抜け出すためには、成長マインドセットについて知るだけでも効果があることがわかっています。アメリカのカリフォルニア高校で行なわれた研究で、158人の生徒を対象に、「人は変われると思いますか?」というアンケートをとり、その1年後に再調査を行ないました。

その調査によると、**「人は変われると思う」という感覚をもっていた生徒ほど、自己**

肯定感が高く、自分のことが好きで、ストレスや不安を感じることも、病気になることも少なかったことがわかっています。ですから、メンタルも体も非常にいい状態になっていました。

そして、実験者が生徒に、

「人間には変わる力があります。もし、仲間はずれにされたり、いじめられたりしても、それはみなさんの性格になにかしらの欠陥があるとか問題があるということではありません。

仲間はずれやいじめをしてきた人も、決して根っからの悪人ではありません。人間は変わるものですから、その人も何かが原因で悪い方向に変わっているだけかもしれません。いじめっ子たちにも複雑な動機があったのかもしれません。

みなさん自身も、これから大きく変わっていく可能性、チャンスがあります」

と、人は変わるものであり、いま起こっていることは一時的なものだということを教えました。

1年後に、このような話をした生徒と、話をしていない生徒をくらべました。その結果、話を聞いた生徒たちは成長マインドセットがすこし芽生えたようで、何も聞かなかった生徒たちにくらべて、ストレスが少なく成績もよくなっていました。

「人は変われる」ということをいったん信じることさえできれば、メンタルの状態が変わります。そうすると、広い視野をもって物事を決めることができるようになり、ほんとうに自分を変えていくことができるのです。

たしかに、性格は半分は生まれつき決まっているものですが、それ以外の部分は、自分がつきあう人間関係などで決まります。性格ですら変えることができるのですから、みなさんも、「自分は変われる」ということを念頭に置けば、それだけで効果があると思います。

❸筋トレを実行する

エクスプレッシブ・ライティングでメンタルが落ち着き、成長マインドセットで「自分は変われる」と信じられるようになっても、どこから変えていけばいいのかわからない人がほとんどではないでしょうか。

多くの場合、そこで悩んだり迷ったりしているあいだに、やはり自分はダメなのかもしれないとあきらめて、元にもどってしまうのです。ですから、ここまでできたときに、男性でも女性でも、すぐに実行してほしいことがあります。それが筋トレです。

イギリスのイースト・ロンドン大学のケイト・ヘフェロン教授が、自分の行動によって未来を変えられるという**自己効力感を鍛えるためには、じつは運動が効果的**だということを示しています。

ヘフェロン教授は、トラウマになるような経験をした人が、それを乗り越えた先に大きな成長をするというPTSG（Post Traumatic Stress Growth＝心的外傷後ストレス成長）について研究しています。PTSGは、PTSD（Post Traumatic Stress Disorder＝心的外傷後ストレス障害）の成長版です。しんどい体験をしてメンタルが壊《こわ》れたりするのがPTSDで、PTSGはトラウマになるようなことを経験し、それを乗り越えたときにすごい成長が待っているということです。

たとえば筋トレであれば、最初は20キログラムまでのバーベルしか上がらなかったのが、続けているうちにだんだん30キログラムや40キログラムが上げられるようになり、練習していると徐々に自分が成長しているという感覚を得ることができます。

そうなると、自己効力感が生まれるので、自分がレベルアップしている、成長していることを非常に感じやすくなります。**筋トレやスポーツは、「自分は変われる」と信じ**

て最初に行なう行動としてはとてもいいものです。

それだけではありません。その先、実際に効力感の転移が起こります。

筋トレをすることによって自分の体が変わり、まわりからも「やせたね」とか「筋肉がついた」と言われたりすると、自分は努力することで変われたのかもしれないと感じることができます。

その感覚から、

「いままで苦手だった学校の勉強も、がんばれば成績を上げられるかもしれない」

「苦手だったあの人との関係も、変えることができるかもしれない」

「あきらめかけていたけれど、将来、もっといい仕事につけるかもしれないから転職を考えてみるのもいいかもしれない」

というように効力感の転移が生まれるのです。

筋トレやスポーツによって生まれた自信が、仕事や人間関係に対してもいい影響をおよぼすようになるわけです。専門的には、運動によるポジティブ・ボディイメージといい、「体に対するいいイメージが形成されることにより起こる」といわれていますが、これが起こると実際に他人の目も気にならなくなります。

私もいじめられていたころには、まわりの目を気にして、ひたすら目立たないようにして過ごしていました。まわりにどう思われているかをすごく気にしていたのです。とにかくいじめられないように、逃げたり隠れたりするように生きていたのですが、逃げても隠れても、結局はいじめられるわけです。

ですから、**逃げたり隠れたりする必要がないような自己効力感を身につけることが必要**なのです。

体を鍛えることにはプラスの面がもう一つあって、自分の体に対するいいイメージがつくられるので、裸になっても自分に自信をもてるわけです。**自分の体に満足している人ほど、他人の目が気にならなくなる**という研究もあります。

ですから、ぜひ、みなさんも、エクスプレッシブ・ライティングで自分のメンタルの状態を立て直し、成長マインドセットを理解して「自分は変われる」ということを信じ、筋トレをやってみてください。それで体が変わっていくと、まわりの人の見る目が変わっていくので、確実に人生が大きく変わってきます。

その先は、自分の夢にチャレンジしていくだけです。

嫌われることを必要以上に恐れると対人トラブルを招く

カナダのウォータールー大学の著名な心理学者イゴール・グロスマン博士が、人間が正しい判断をするためには何が大事なのかについて研究しています。研究では、1617人の参加者を対象に、会社のなかで起こるトラブルを想定してもらい、それをどのように解決するかを答えてもらいました。

具体的には、実際に仕事の場面で起こりそうなトラブル、たとえば同僚が自分に対して異常に批判的だとか、無理難題をふっかけてきたというケースを6回程度想定してもらいます。そして、個々のトラブルにうまく解決策を出せる人と、そうでない人の違いについて調べたのです。

その結果、違いは頭の良し悪しではなく、「拒絶感受性」と呼ばれるものによって生じることがわかったのです。**拒絶感受性というのは、断られるのが怖い、他人に拒絶されることを恐れるという性質**で、この傾向が強い人ほどトラブルや問題を解決する能力が低くなることが確認できたのです。

人間には、まわりの人の行動にあわせてできるだけミスをしないようにし、トラブルを減らそうとする本能が備わっています。そのため、まわりから拒絶されることを極端に恐れるわけです。ところが、**まわりから拒絶されることを恐れる人ほど、トラブルに巻き込まれやすい**ということがわかっています。

もう一つ、この研究でわかったことがあります。それは、トラブルをうまく解決できるかどうかを左右するのは、メンタルの弱さや不安になりやすさ、根拠なき自信といったナルシシズムではなく、まわりの人から拒絶されることへの恐怖心だということです。たとえ**メンタルが弱くても、拒絶されても平気と思える人は、トラブルや問題を解決する能力は高い**のです。

私もメンタルは弱いのですが、拒絶されても、それによって収益や人生は変わらないと思っているので、どうということはありません。ちなみに、ナルシストというのはメンタルが強そうに見えますが、じつはとても批判に弱いものです。自分に自信がないから、自分はすごいとアピールするのです。

では、なぜ拒絶感受性の強さが、仕事上のトラブルを正しく対処するのに邪魔になるのでしょうか。

人間は誰でも、他人に否定されたり、拒絶されたりするのは嫌なものです。そのため、自己防衛の意識が働き、自分をいい人に保とうとします。自分が批判されていないかどうか、自分のことばかり考え、自分のことしか見なくなります。その結果、他人の視点や客観的な視点が失われます。

トラブルは、自分の内側で起こるものではなく、自分と他人のあいだで起こるものです。ですから、相手のことを見ないかぎり、トラブルを解決することはできません。ところが、自分を守るという意識が強すぎる人は、自分のことばかりを見て、相手やまわりを見なくなるので正しい判断ができなくなるのです。

たしかに、自己保身しか考えていない人は、まわりの状況を判断するのが苦手なようで、そのことが仕事におけるトラブルや問題を解決する際に正しい判断ができなくなる原因になります。

これはある意味、コミュニケーションが苦手な人にもあてはまるでしょう。嫌われるのが怖いから、自分が相手に嫌われるようなことをしていないか、失言していないか、変な格好じゃないか、髪型はおかしくないかということばかり考え、結局、自分のことしか見ていないのでコミュニケーションがうまくとれなくなります。

◉拒絶感受性の度合いを調べるテスト

では、拒絶感受性はどうやって調べればいいのでしょうか。この研究でも使われている拒絶感受性の度合いを調べるための三つの質問を紹介しましょう。

質問❶

「あなたは経済的に困って親や家族に借金を頼みたい状況だとします。その際にどれくらい不安や心配を感じますか？　そして、家族はあなたを助けてくれると思いますか？」

質問❷

「あなたは親友をひどく怒らせたあとで仲直りしようと、ふたたび近づいている状況だとします。その際、その仲直りに対してどれくらい不安や心配を感じますか？　そして、自分が仲直りを申し出たときに、親友はあなたと会話をしてくれると思いますか？」

質問❸

「あなたは職場で抱えている問題について、自分の上司に助けを求めたい状況だとします。その際にどれくらい不安や心配を感じますか？　そして、その上司は自分のことを助けてくれると思いますか？」

以上の三つの質問に対して、不安や心配をより大きく感じ、家族や親友、上司が自分のことを助けてくれないと感じる傾向が強い人ほど、拒絶感受性が強いといえます。要するに、拒絶感受性が強く、**他人に助けを求めるときに、不安や心配を極端に感じる人は、その助けに対して拒絶される可能性を高く見積もりすぎている**わけです。

みなさんも自分なりに拒絶感受性を確かめて、拒絶に対して強い自分になることを心がけましょう。

悪気のない〝あの行為〟で仲間はずれになる⁉

なかなか仲間に入れてもらえないとか、みんなの輪のなかに入れない人、あるいは、輪のなかにいても、なんとなく嫌われたり避けられたりした経験がある人は多いと思います。私も昔はそうでしたが、こうした人はいったい何が悪いのでしょうか。

じつは、その人たちがよかれと思ってしている行為によって、人間関係におけるチャンスを逃しているのです。言い方は悪いですが、自分の責任です。

私は物事をはっきりと言うタイプですから、ブログが炎上することも、敵をつくることもあります。また、ネット上には私以上にズバズバと発言する人たちがいて、そういう人たちは敵も多いですが、まわりに必ず仲間がいます。敵しかいないという人は、ほぼいません。つまり、私もふくめて、発言することで敵をつくっているけれども、それと同じか、それ以上の仲間もつくっているのです。

この違いは何かというと、自分の感情をオープンにしているかどうかです。**人は、自分の感情を表に出さない人を怖いと感じます。何を考えているかわからないので、信用できない**のです。

当然、仲間に加えようとはしません。誰だって、敵もしくは敵かもしれない人と一緒にいようとは思わないものです。

アメリカのオレゴン大学の研究によると、人間は自分の感情を出さないと、「社会的な関係を築くことができない」ということがわかっています。とくに、対人コミュニケーションで問題を抱えやすくなるそうです。

というのも、自分のほんとうの感情がバレていないか、相手に疑われているのではないかといった不安を抱えながら会話をするため、共感能力や判断能力が下がり、交渉べタになるといわれているのです。

自分の感情を押し殺したり偽《いつわ》ったりする人は、人間関係がうまくいかず、誤解されやすくなります。味方にする価値はないと判断され、とても悲しい状況になるわけです。実際に、感情を表に出さない人は、社会生活を送りにくい傾向が非常に強いということが、いろいろな研究でわかっています。

オレゴン大学の研究では、参加者に泣けるシーンのある映画と笑えるシーンのある映画を見てもらい、感情を表に出すグループと出さないグループの二つに分け、参加者の表情を動画で撮影しました。それを第三者に見せて、参加者の性格について採点してもらうという実験を行なったのです。

その結果、感情を表に出している人のほうが人から好かれ、いい人だと思われたそうです。逆に、感情を表に出さない人は、内向的なイメージが先行し、他人にあまり興味がないとか、自分をオープンにしないので信用できないという印象をもたれやすいことがわかりました。クールでかっこいいとかではなくて、普通に好感をもたれないのです。

さらにこの先がおもしろいのですが、感情を抑えている人が信用されないのは、感情を偽ってウソをついているように見えるからではありません。感情を抑えれば抑えるほど、この人とは親密な関係を築けそうにないとか、仲のよい関係、深い関係にはなれそうにないと思われてしまうからです。

感情を表に出している人とは、その感情があえば仲間になれますが、当然、嫌われる場合もあります。多くの人は、嫌われることを恐れて自分の感情をあまり出さなくなります。

しかし、感情を表に出さないようにすると、敵とか味方とかに関係なく、親密な人間関係をつくれない人だと判断され、**誰からも嫌われないけれども、誰からも好かれない**という、砂漠みたいな人生になってしまうのです。

また、自分の感情を抑えたり自分のキャラクターを偽ったりする傾向が強い人は、調和性、協調性が低いとみなされます。

協調性が低く、ほかの人とは違う発言をする人に対して、自分もあの人のようにズバズバ言うことができたらいいのにとか、あの人についていけば何かありそうだと可能性を感じることがありますね。これがいわゆるカリスマ性ですが、自分の感情を抑えたりキャラを偽ったりしてしまうと、カリスマ性は出てきません。

当然ですが、誰もわざわざ自分から相手に敵対したり、嫌われたりするような行為はしたくないはずです。でも、感情を出さないことで、人は無意識のうちに相手に対して同じようなことをしているのです。

ですから、みなさんも、自分の感情をどんどん表現するようにしてください。大事なのは、感情を出すことで敵が増えるかどうかではなく、味方が増えるかどうかです。

ちなみに、ほんとうは怒っているのに、「そうですね、そういう考え方もありますね」などと感情を抑えて無理に笑ったりする人がいますが、じつはこれでも同じことが起こります。

相手ともめるのが嫌だからと、無理して笑顔をつくるより、「ちょっとイラッとします」とか「そんなことを言われると悲しいです」と、自分のネガティブな感情を伝えたほうが相手と仲よくなれる確率は高まるのです。

さらに、**素の自分とは違うキャラを演じつづけていると、そのストレスで自律神経のバランスが崩れ、体を壊す可能性が高くなる**という研究もあります。自分の感情は抑えるのではなく、きちんと伝えるようにしましょう。

表面的な人間関係しかつくれない人がやりがちなこと

一見するとコミュニケーション能力に自信がない人のほうが、ほんとうはコミュニケーション能力が高いのです。能力が高いがゆえに、相手のことを気にかけて空気を読もうとするため、コミュニケーション能力が低く見られるのです。

もっと正確に言うと、**自分の本心を隠して表面上は相手にあわせて会話しようとするから、逆に、コミュニケーション能力が低いように見られる**ことがわかっています。

人は、相手がまちがったことや自分の意見とは異なることを言ったときに、それを相手に伝えて機嫌が悪くなると困るから、あえて批判はしないようにしようと思うものです。あるいは、いいアイデアを思いついても、自分が発言するとまわりが引くかもしれないから黙っておこう、というようなことを考えています。

では、自分が思っていることを言わないコミュニケーションをする人と、きちんと言うコミュニケーションをする人のどちらが、人間関係がよくなるのでしょうか。シカゴ大学の研究によると、自分の気持ちを隠してウソをついたり、自分の気持ちや言いたいことを言わずにコミュニケーションをしたりすると、人間関係は逆に悪くなることがわかっています。正直にコミュニケーションをしたほうが人間関係はよくなるのです。

自分を偽り、自分が我慢して、言いたいことを言わずにコミュニケーションをしたほうが、人間関係をうまく築けると私たちは思いがちです。ところが、実際の相手との関係や長期的な関係を見てみると、**言いたいことを言わない人は人間関係が崩壊してしまう可能性が高い**のです。

シカゴ大学の研究は、三つの実験で構成された論文がもとになっており、私たちは相手と話すときにけっこうためらっていて、秘密や悩みをぶつけると気まずくなることを恐れ、自分の本性を明かさないことが多いのではないか、それは科学的にどうなのかを調べています。

最初の実験では150人の男女を集めて、次の三つのグループに分けました。

- 3日間、できるだけ正直にコミュニケーションをしてもらうグループ
- 3日間、できるだけ相手に対して親切に気を使って、コミュニケーションをしてもらうグループ

●3日間、自分の会話や行動が相手に対して適切なのか、できるだけ意識的になってコミュニケーションする、つまり、自分のコミュニケーションや会話が相手にとって適切なのか、喜んでくれているのかを意識しながらコミュニケーションをしてもらうグループ

正直にコミュニケーションした場合と、親切にしようと心がけてコミュニケーションした場合、自分の言動が正しいのかチェックしながらコミュニケーションした場合の三つのケースで、人間関係の良し悪しがどのように変わるのかを調べたのです。

それぞれ3日間、コミュニケーションしてもらったあとに、会話をどのくらい楽しめたか、相手との人間関係のつながりがどのくらい変わったか、長期的に見て相手との関係がどう変わったか、ということを全員にチェックしました。

正直に会話をしたら関係が悪くなるだろうな、自分の秘密をいきなり明かしたり、自分が思っていることを相手にぶつけたりしたら、関係が悪くなるだろうな、とみんなが思っていたのです。

ですが、実際は正直な会話をしてもすこしも問題がなかったうえに、コミュニケーシ

ョンへの悪影響もまったく観察されませんでした。

私たちは、正直に言ったら嫌われるだろうとか、引かれるだろうと考え、正直な会話を避けてしまいます。ところが、実際は、**正直な会話をしても、まったく相手との関係は変わらない**ことがわかったのです。

さらに別の実験で、参加者を次の二つのグループに分けました。

- 研究者が作成した話題のリストに基づいて、そのとおりに会話をしてもらったグループ
- とくに話題の指定はなく、自分の思うことをできるだけ正直に自由に会話をしてもらったグループ

その後、全員に会話の満足度などを確認したところ、結果としては、先ほどの実験と同様に、正直に自分の思うことを話すのはよくないと思っていたのに、実際には悪影響はないどころか、お互いの関係性を高めるために役立ったということです。

私たちは正直に話すことに対してネガティブなイメージをもちすぎているため、正直

に話そうとしませんが、実際には正直にしゃべっても問題はないし、むしろ、正直にしゃべったほうが人間関係はよくなるのです。

別の実験でも、相手と交渉をするときに、自分の本心やキャラクターを隠すと交渉力や発言力、表現力、判断能力が下がり、結果的に交渉が失敗しやすいことがわかっています。

この、素《す》を出して正直に相手に言うことができるかどうかが、コミュニケーション能力に関しては、いちばん重要になってくるのではないでしょうか。まちがえないでほしいのは、**相手をディスるとか、相手に対して嫌なことを言うということではなく、自分の感じている感情は、ちゃんと表現しましょう**ということです。

相手の言うことがまちがっていると感じたときに、ただ「まちがっている！」と言うとケンカになります。そうではなく、**相手の意見も受けとめたうえで、自分の意見をていねいに表現する**のです。相手と自分の意見が違っていても、自分の意見をきちんと表現する努力が大事だということが、これらの研究で証明されています。

コミュニケーション能力とは、相手にあわせて空気を読むことと思っている人が多いですが、これではいつまでたってもコミュニケーションがうまくならないし、人間関係もよくなりません。

なぜなら、自分の感情をしっかり表現しないと、相手にはこちらの気持ちが伝わらないからです。相手は超能力者ではないし、心を読める人ではないのですから、自分と相手の意見が違っても、自分の感情をていねいに表現する努力をしましょう。コミュニケーション能力が上がり、人間関係もよくなっていきます。

「嫌われたかもしれない」という思い込みが生む弊害

初対面の人に会ったとき、なんとなく嫌われたとか、よく思われていない気がしたという経験をしたことはありませんか。

でも、はっきり「嫌い」と言われたわけではなく、嫌われたかもとか、なんとなく好かれていない気がするという場合は、そのほとんどが思い込みにすぎません。

人間は、さまざまな思い込みやバイアスをもっています。たとえば、「あなたは人間性の面において、日本国民のうち、どれくらいの位置にいると思いますか」という質問をすると、ほとんどの人が「自分は平均以上だろう」と考えます。さまざまなバイアスによって、つねに自分はまだマシなほうだと考えるわけです。

ところが、こうしたポジティブなバイアスがなくなるカテゴリーがあります。それが、人間関係です。私たちは、人間関係においては、必要以上にネガティブになるバイアスができています。つまり、私たちは相手に嫌われたと思い込みやすいということです。

この思い込みをどうにかしないと、自分は嫌われたと思い込み、相手を無意識に避けたりします。そうなると、相手は当然、違和感をもち、この人は自分のことを嫌いなのかな、何か悪いことをしたかな、自分といても楽しくないのかなと思ってしまい、その結果、ほんとうに人間関係が壊れていきます。

「嫌われたかもしれない」と思っているうちは、まだ間に合います。なぜなら、自分の内側に発生した思い込みである可能性が高いからです。そうした思い込みを理解し、上手に対処することができれば、もっとストレスの少ない関係を築いていけるのではないかという研究があります。

ハーバード大学やイェール大学など複数の大学が共同で行なった研究で、**人間には、自分は他人からあまり好かれない、嫌われる可能性が高いという思い込みをするバイアスがある**ことがわかったそうです。この研究では、人間は、自分が話している相手が、自分のことを好きなのかどうか正しく判断することが苦手だ、ということが確認されています。

いろいろな人と話したり、人間関係におけるさまざまな経験をしたりすれば、この人はこういうタイプだなということがある程度はわかる、と多くの人は考えます。ところが、いろいろな経験をしている人でも、相手が自分に向けている好意を推し量ることが苦手なのです。相手が、自分に好意を向けているかどうかがわかりません。

もっというと、**好意を向けられているのに、好意を向けられていないと思い込む**のです。自分は嫌われたかもしれないと考え、相手と距離をとって一歩引いたりするせいで、コミュニケーションに齟齬《そご》が生まれたり、相手からほんとうに嫌われたりするのではないかといわれています。これはなかなか深い話ですよね。

先の研究では五つの実験を行なっていますが、その一部を紹介します。

参加者に初対面の人とペアを組ませ、5分間だけ自由に話をしてもらいます。5分後に、その会話で相手のことをどれくらい気に入ったのかを質問し、同時に、自分が相手にどれくらい気に入られたと思うかを質問しました。

その結果、ほとんどの人が、自分はそんなに気に入られていないと考えていました。

話がけっこう盛り上がっていたペアでも、まあ普通かなと考えたり、初対面なのですこしぎこちなかった場合には、たぶん嫌われただろうと考えたりしていました。多くの人が、「自分に好意は感じてもらえなかっただろう」と答えたのです。

ところが、実際に相手がどう思っていたのかを調べたところ、たった5分間会話をしただけですが、ほとんどの人が相手に対して好意を感じていました。

「いい人だと感じた」

「気があいそうだ」

「私はけっこう好きでした」

「友達になれそうだ」

と好意的な評価をしていたのです。

つまり、**自分ではあまり好かれていないと思っていても、相手は好意を向けてくれていることが多い**ということです。自分のなかのバイアスのせいで、相手が向けてくれている好意をスルーし、人間関係がうまくいかなくなっているのではないかということが示唆される研究でした。

人間は相手の好意を察するのが苦手な生き物

相手から向けられる好意と、自分が感じる相手からの好意にはギャップがあり、これを心理学では「好意ギャップ」と呼んでいます。

たいていの人は、自分のコミュニケーション能力を過小評価しています。だから、会話のあとも、あそこでもっとこんなことを言えばよかったとか、あんな話をしたから盛り上がらなかったとか、**自分のコミュニケーションに対する反省が多すぎる**のです。

実際には、相手はほとんど気にしていません。自分でも相手の話していた内容はそれほど覚えていないのに、自分のミスはやたらと覚えているわけです。

そして、好意ギャップは話した時間に関係なく起こることがわかっています。1時間とか2時間かけてゆっくり話をすれば、相手が自分に好意を向けてくれているかどうかわかるはず、と考える人もいると思いますが、別々に行なった実験で、長時間の会話でも短時間の会話でも、結局、好意ギャップは消えないことが確認されているのです。**長い時間会話をしたからといって、相手からの好意を上手に推測することができるわけ**

ではないということです。

好意ギャップはけっこう闇が深いもので、自分はコミュニケーションが苦手で相手に嫌われやすいと思っている人には、ぜひ覚えておいてもらいたいことがあります。

なぜ、長時間相手と話をしても好意ギャップが生じるのかというと、一度、相手に気に入られていないとか、相手に嫌われているかもしれないと思ってしまった場合、**その感覚は数カ月間にわたって続くもの**だからです。

初対面で話をしたとき、ほんとうはあなたに好意をもち、仲よくなりたいと思っていたかもしれないのに、あなたのほうは嫌われたかもしれないと考えて相手と距離をとろうとします。相手はあなたのことが好きで近づいているのに、あなたは嫌われている気がするから来ないでと引くわけです。

こうして、せっかくできるはずだった人間関係が崩壊していきます。

自分のまわりは敵だらけだと思う人や、自分は誰にも好かれないと思う人がいますが、それもたいてい好意ギャップによるものです。実際には、人から好かれる性質をもっていて、みんなの輪のなかに入って仲よくしたり、楽しい友達をつくったりできるはずなのです。みすみすチャンスを逃さないためにも、好意ギャップに気をつけましょう。

とくに恋愛が苦手だという人は、たとえば、自分はあんなすてきな人には釣り合わないと考えたり、イケメンに出会ったら浮気されそうだと考えたり、かわいい女性と出会ったら、自分なんてお金もないし見向きもされないだろうと考えたりします。これらも好意ギャップである可能性が高いのです。

人間関係に関するネガティブな思い込みが、数カ月間も続くというのはなかなか恐ろしい話ですが、人間の第一印象はなかなか変わらないものだといわれますので、それを自分に当てはめてみれば理解できるバイアスではあります。

だから、**はっきり嫌われるまではチャレンジしつづけましょう**。そうすれば、よりよい人間関係を手にできるようになりますし、それが「なんとなく嫌われたかもしれない」という問題を解決するいちばんいい方法なのです。

ちなみに、なぜ人間がコミュニケーションにおいて、こんなにもネガティブな考えをもつのかといえば、おそらく、自分を守るためではないかといわれています。もともと人間は、初対面の相手に対して用心したほうが、生き延びる確率が高かったわけです。そのため、コミュニケーションにおいて警戒心をもつことが、遺伝子に刻み込まれているのではないかと考えられているのです。

自分が傷つかないために、人と距離をとらなければならないときもあるかもしれませんが、人間関係が充実することは人生においてもっとも大事なものの一つです。**人間の幸せは、地位やお金などよりも、人間関係によって左右される**ものだということがわかっています。

ですから、このバイアスは、幸せになるために乗り越えるべきバイアスです。自分が嫌われているかもと思ったときには、それは好意ギャップのせいだと考えて、すこしだけ仲よくなるために努力してみましょう。ほんとうに嫌われていたら、そのときに離れればいいのですから。

笑顔でいるのに人間関係がうまくいかないワケ

人は、笑顔でいると人から好かれるとか、つねに笑顔でいることが大事だといわれます。また、自己啓発セミナーなどで、「笑顔でいれば幸せがやってくる」「悲しいときでも、無理やり笑えば幸せになれる」と言う人がいますが、これは半分は正解で、半分はまちがいです。

何も知らずに、「笑顔でいれば幸せになれる」と思って笑顔でいるのであれば別ですが、「笑顔でいれば人間の脳が錯覚して、ほんとうに幸せになれる」ということを知っていると、その効果はなくなるからです。ですから、笑顔でいれば幸せになれるというのは、けっこう矛盾するテクニックといえます。

残念なことにみなさんは、もうこのテクニックは使えません。なぜかというと、錯覚なんだと知ってしまったからです。

しんどいときやつらいときに、お笑いの動画を見たり、親しい友達と一緒に遊んだりして、自然と笑顔になった場合にはメリットがありますが、**幸せになりたいからといって無理やり笑顔をつくっても、あまり意味はない**のです。

笑顔には、その人の性格や感情、本心などが表れます。ということは、裏を返せば、どんな笑顔がどのような意味なのかを理解できれば、変な人にだまされにくくなります。

一方で、自分が笑っているとき、相手に誤解を与えやすい笑顔をしているなら、その癖を直さないと、嫌な印象をもたれることになります。何も悪いことを考えていないのに、何か悪いことを考えている人のように見えてしまう場合があるのです。

アメリカのウィスコンシン大学の研究で、相手の笑顔から感情を推定することができるかを調べたものがあります。

笑顔の見分け方として、本心の笑顔なのか、たんなるつくり笑いなのかを調べる研究はこれまでにもありました。この研究では、本心の笑顔であってもつくり笑いであっても、そもそもその背景にはなにかしらの感情があり、その感情によって笑顔が変わるのではないかということを調べたわけです。

つまり、本物の笑顔か、偽物の笑顔かという以外にも、もっと別の気持ちから笑うことがあるのではないかと考えたのです。

たとえば、愛想笑い、相手を傷つけないように気遣った笑い、あくどいことを考えているときの笑い、悪者が「しめしめ」とだましに成功したときの笑いなど、笑いにはさまざまあります。**ネガティブな感情からポジティブな感情まで、笑顔にはいろいろな意味がある**ので、それぞれの笑顔を分析すれば、人間の心を理解することができるのではないかということを調べています。

研究チームは、まず人間の表情筋をベースに、顔のどの筋肉が、どのように動くのかをさまざまに組み合わせて、数千種類の笑顔をつくりました。そうやってつくった笑顔を参加者に見てもらい、その笑顔から感じた感情や印象などを答えてもらいました。

また、この研究では、人間がそもそもどのようなときに笑顔をつくるのかということも調べていて、3種類の笑顔があることがわかりました。

❶リワードの笑顔（報酬による笑顔）

日本語にすると、リワードは「報酬」という意味で、報酬による笑顔です。これは、自分の気持ちがポジティブになったり、自分がいい気分になったりしているときに出てくる笑顔です。たとえば、猫がじゃれている姿を見ていてかわいいなあと思ったときに、自然と出るような笑い方です。

自分がポジティブな感情になったときに無意識に表れて、自然とそのポジティブな感情がまわりに伝わる笑顔です。**自分がいい気分になったとき、あるいは、自分がいい気分になったことを相手に伝えるときに使う**という意味で、自分に対する報酬であり、相手に「ありがとう」という意味を込めたリワードになります。

このリワードの笑顔が多い人は、当然ですが、他人からポジティブなイメージをもたれる傾向が高くなります。誰かと一緒にいるときに、リワードの笑顔が多くなるということは、「あなたと一緒にいるのがとても楽しい」という気持ちを伝えているのです。また、プレゼントをもらったときに、リワードの笑顔があふれたら、「プレゼントをもらってうれしい」という感情が表れているわけです。

商談の際や日常で会話をするとき、異性を口説くときなどにリワードの笑顔がたくさん出てくると、自分が相手といい感じに距離をつめていることがわかります。

❷アフィリエイティブの笑顔（親和的な笑顔）

アフィリエイティブは、日本語では「親近感」「親和的」といった意味になります。親和的な笑顔とは、ソーシャルな結びつきを増やすためにつくる笑い方です。たとえば、

「あなたのことを認めています」

「あなたのことを味方だと思っています」

「あなたと仲よくなり、コミュニケーションを図りたいと思っています」

ということを伝えるための笑顔です。

要するに、めちゃくちゃ好きという感情があるわけではないけれど、「私は味方ですよ」「敵じゃないですよ」と伝えたいときに出す笑顔です。ですから、いわゆる愛想笑いも、ここに分類されると思います。

リワードの笑顔は、ほんとうに自分の気持ちがポジティブになったときに、自分の内側から出てくる笑いであるのに対して、アフィリエイティブのそれは、**「私は敵ではなく味方です」「あなたと仲間になれる可能性がありますよ」**と伝えて、**人間関係を促進するため**の笑顔です。

③ドミナンスの笑顔（支配的な笑顔）

ドミナンスは「支配」という意味ですから、支配的な笑顔です。これは、社会的、経済的に、自分は地位が高く権威があるということ見せるために使われます。たとえば、**その場を仕切りたいと考えている人や、自分が相手よりも上の立場だと思っているときに出やすくなる**笑顔です。

自分のプライドを前に出すことによって、権力をつかもうとしているという意味合いもあると思いますし、自分のプライドを高めるためにも使われます。さらに、相手を軽蔑しているというときにも、この笑いが出やすくなります。

人は、この三つのタイプの笑顔を使い分けているのです。それぞれのタイプの特徴がわかれば、変な人にだまされることはなくなります。

たとえば、一緒にビジネスをしようと言って近づいてきても、3番目のドミナンスの笑顔が出てきたら信じないほうがいいでしょう。本来、これから一緒にビジネスをやろうと考えている相手を、軽蔑したりはしないはずですね。

でも、ドミナンスの笑顔が出る人は、あなたのことを下に見ているわけです。そんな人と手を組んだら、捨て駒のように使われてしまうだけです。ですから、この**「笑顔を見抜く」ことは、とても大事**なのです。

ただ、ドミナンスの笑顔が癖で出てしまう人もいます。つねに相手を軽蔑しているように思われたり、自分は普通に笑っているだけなのに、突然、相手から「バカにしているのか」と言われたりする人がいますが、こんな人はこのタイプの笑顔が癖になっているのです。

なぜか知らないうちに人から距離をとられたり、嫌われたりすることが多いという人は、いつのまにかドミナンスの笑顔が出ていることがあるので、気をつけてください。

では、三つの笑顔の見抜き方についてお話ししましょう。

①リワードの笑顔の見抜き方

リワードの笑顔の特徴は、**歯がちらっと見えるくらい口が開き、頬骨の位置が上がったように見える**ことです。目の下の筋肉と口角《こうかく》が動いて、頬骨のあたりが上がったようになるのです。このような笑顔が出ていれば、自分の内側にポジティブな感情が湧き上がってきている証《あかし》です。

相手と話をしていたり、何かプレゼントをあげたりしたときに、この笑顔が出れば、心からいい気分になっていることがわかります。このタイプの笑顔が相手にたくさん出ていれば、コミュニケーションとしては最高です。

人はコミュニケーションをとるとき、自分

はうまくしゃべれているだろうかとか、自分の見た目は大丈夫だろうかということを気にしがちですが、**そんなことを気にする暇があるなら、相手のリワードの笑顔を気にしたほうがいい**のです。

相手にリワードの笑顔がたくさん出ていれば、距離が縮まり、楽しんでくれていると考えましょう。

❷アフィリエイティブの笑顔の見抜き方

アフィリエイティブの笑顔も、悪い笑い方ではありません。初対面のコミュニケーションであれば、なかなかリワードの笑顔までいかないことも多いと思います。アフィリエイティブの笑顔は最初に確認できる笑顔であり、初期の段階はこれでもOKです。

アフィリエイティブの笑顔は、**歯は見えませんが、口角が広がったように見える**笑い方になります。**口幅《くちはば》が横に広がるような感じ**だと思ってください。たとえば、言葉の通じない海外に行ったときに、日本語で「ありがとう」と言うと、なんとなくこちらの好意が伝わることがありますね。そんなときに相手が出してくるような笑顔です。

つまり、「私は敵じゃないよ」と相手がアピールし、危害を加えるつもりはないことがわかるのがこの笑顔です。

知り合ってまもない初期の段階のコミュニケーションにおいては、まずアフィリエイティブの笑顔が出ているかを確認しましょう。この笑顔が何度か見えたら、もうすこし込み入った話をしたり、リアクションを大きめにとるようにしたりして、仲がいい感じを出します。相手との距離を縮めて、最終的にはリワードの笑顔が出るようにするといいコミュニケーションになると思います。

笑顔を見るときは、口に注目するのがいちばんです。口幅が横に広がった笑顔は、これから友達になれるとか、コミュニケーションがうまく進んでいることを示しています。また、歯がちらっと見えたり頬骨が上がっていたりすると、相手の内側に入り込める可能性が高いということがわかります。

❸ドミナンスの笑顔の見抜き方

これもいちばんわかりやすいのは、やはり口です。右が上がるか左が上がるかは人によりますが、**どちらか片方の口角が上がり、それにあわせて眉が上がります。**口角が上がるというのがわかりにくければ、口の動きに注目するようにしてください。

リワードやアフィリエイティブの笑顔は左右対称に動きますが、ドミナンスの笑顔は左右対称ではなく、どちらか片方だけが動くので、歪《ゆが》んだように見える笑い方になります。

笑ったときに、**口元が歪んでいるように見える笑い方をしている人がいたら、気をつけましょう**。こういう人は他人を軽蔑している可能性が高いです。また、もし、みなさんがそんな笑顔をしている場合、相手から見ると本心を隠して笑っているとか、自分のことをバカにしているというように思われかねません。

歯がちらっと見える笑い方は、パッと見てわかると思いますが、それ以外の「私は敵ではないですよ」の笑いと、「軽蔑してますよ」の笑いを見分けるのはすこし難しいと思いますので、ぜひ意識して見るようにしてください。

また、食事をする際に、口中の右側または左側だけで噛《か》んでいる人は、口角が横に広がるような親和的な笑いをしたいときに、片方だけ口角が上がってしまうことがあります。そうなると、パッと見でなんとなく嫌な人に思われる可能性がありますので、直したほうがいいでしょう。

自分の笑顔もチェックしつつ、まわりの人の笑顔にも意識を向けるようにしてみてください。

なぜ、嫌われたくないという気持ちが報われないのか

嫌われないために一生懸命努力をしたり、あまり目立たないようにしたり、とにかく誰かに嫌われないように努力をする人がいます。大人になると、当たり障《さわ》りのない言動をしようとする人も増えてきます。

ドイツで行なわれた研究によると、人が他人に好かれるときは、だいたい同じようなポイントで好かれることがわかっています。

たとえば、とても人柄のいい、親切な人がいたとします。その人は、「親切でいい人だね」といろいろな人に好かれています。つまり、**その人が好かれるポイントはだいたい同じ**なのです。

ですから、人に好かれたいと思うなら、親しい何人かに自分のことを好きなポイントをたずねてみるといいでしょう。そして、親切だからとか、努力家だからという共通点があれば、それを前面に出して、もっと伸ばしていけば、多くの人に好かれるようになります。

ところが、嫌われる理由はそれぞれ異なるので、対処するのはとても難しいのです。たとえば、ある人はあなたのガサツなところが嫌いだと言います。また、ある人は時間を守れないところが嫌いだと言ったり、言い方が強すぎるから嫌いだと言うかもしれません。**嫌われる理由は多すぎて、すべてに対処することはできない**ことが科学的に証明されています。

ドイツで行なわれた研究では、200人以上のドイツ人を対象に、ローマ教皇、女優のアンジェリーナ・ジョリー、デザイナーのカール・ラガーフェルド、歌手のマドンナなど各界の著名人15人の性格をたずねました。「まじめ」「短気」「親切」など、性格を表す約30の形容詞を用意しておき、そのなかからその人にいちばんふさわしいと思う表現を選んでもらったのです。

その結果、被験者が好感をもっている人は、ほとんど同じような形容詞で表現されていました。相関係数としては0・67くらいです。多くの人が同じようなポイントで評価していたのです。

ところが、その有名人を好きでも嫌いでもないという人のあいだでは、形容詞の選び方の相関係数は0・44でした。さらに、その有名人を嫌っている人のあいだでの形容詞の選び方の相関係数は0・33でした。

つまり、その人のことを好きな人たちの集団では、好きなポイントは一致しますが、その人のことを嫌いな人たちは、それぞれ別のポイントで嫌っていたということです。

この研究からいえることは、私たちが**嫌われないように努力することは、とても非効率**だということです。すごくコスパが悪いのです。

たとえば、「言い方がキツすぎる」といった、特定のポイントが嫌いだと言われたとします。それを努力して直しても、ほかのポイントが嫌いだという人もたくさんいるわけです。もっというと、嫌われている特性を完全に直したとしても、自分のことを好きになってくれる、あるいは嫌いな状態から普通くらいにもどってくれる人はごくわずかなのです。

でも、あなたのことを好きだという人が何人かいれば、その人たちが評価するポイントは相関係数が0・67なので、かなり大きな相関があるわけです。

ですから、自分がどういうところを評価され、好かれているのかを考えて、そこを前面に出してプレゼンしたり、能力を伸ばしていく努力をしたりするほうが仲間をつくりやすいといえます。

他人に悪い印象を与えがちな人が気をつけるべきこと

２０１７年にオランダのユトレヒト大学が１００件を超える過去のデータのレビューを行ない、他人への印象が悪い人がやりがちな行為をまとめました。

昔から、他人への印象が悪くなるのは、セルフコントロール能力が低いからではないかといわれていました。自分の感情や自分のしゃべっていることをコントロールすることができないのが原因ではないかとされていたわけです。

でも、じつはそれはまちがいだったことが、ユトレヒト大学の研究で示唆されています。研究でわかったのは、他人への印象が悪い人は、じつは**自分の印象をよくしようとがんばったのに、それが裏目に出て、かえって嫌味《いやみ》になったり、皮肉っぽくなったりしている**のです。

つまり、他人に嫌がらせをしているつもりはないのに、自分に自信がないからもっとよく見せようと思うことによって嫌味な態度になり、逆に嫌われてしまうのです。

みなさんも、心当たりはありませんか。たとえば、モテたいと思っている男性が、「オレ、けっこうイケイケだから」などと言うことがあります。でも、「自分はチャラい」とアピールしてモテるはずがありません。これは、自分はモテるんだということを見せたいがゆえにそのようなことを言って、かえってモテなくなるという現象です。

ユトレヒト大学では、他人への印象が悪い人、とくに、自分の印象をよくしようとして逆に悪くなっている人たちがやりがちな行動を四つにまとめています。ここでは、日常、ついやってしまいがちな行動を二つ紹介しましょう。

❶バックハンド・コンプリメント

コンプリメントは、日本語で「ほめ言葉・賛辞」ですから、バックハンド・コンプリメントとは「上から目線のほめ殺し」といったような意味になります。たとえば、どう聞いても留学していたというレベルではないのに、ちょっと英語を話しただけで、

「すごい英語がお上手ですね！　留学されていたんですか？」

と言われると、なんとなくバカにされたような気分になります。

ほかによくあるのは、

「バイトなのに気がきくんだね」

「新入社員なのに、意外と仕事できるね」

とよけいなことを言って相手の気分を害する人たちです。

つまり、ほめ言葉によって相手の存在や能力を認めようというのではなく、この人はちゃんと見てくれているなと思われたい、自分を評価してもらいたいという、いわゆる下心ありのほめ言葉なのです。

これはとくに、目下の人に対してやりがちです。そもそもほめるという行為がよくありません。**ほめるというよりは、驚きと感謝を伝えるようにしたほうがいい**でしょう。「すごいね、仕事できるね」ではなく、「ほんとうに助かった。ありがとう」という感謝にすればいいのです。

「感謝」の気持ちは、誰もが思っている以上に人の心を動かすものですが、なぜかあまり使われないようです。他人への印象が悪い人はバックハンド・コンプリメントをやりがちですから、気をつけましょう。

❷ハンブル・ブラッキング

ハンブル・ブラッキングとは、謙遜《けんそん》を装って自慢することです。たとえば、テスト前に、「ゲームにはまっちゃって、まったく勉強できなかった……」と言いながら、いい点をとるとか、肌荒れで悩んでいる人を目の前にして、「私も肌ボロボロ〜」と言っているものの、その人の肌はめちゃめちゃきれいだというような謙遜を装った自慢です。

ほんとうは自慢したくてしかたがないのに、ストレートに自慢すると嫌味になると考えて謙遜を装っている人たちです。ですが、これはほんとうに嫌われます。これをするくらいなら、**ストレートに自慢したほうがまだマシ**です。

みんなが敵に見える人に共通する生活習慣

みなさんは、人嫌いですか。私はいまは好きといえば好きですが、だからといってたくさん人を集めたいと思うわけでもない、というくらいです。

じつは、思いがけない行動が、人を人嫌いにさせるという研究があります。カリフォルニア大学の研究で、ある生活習慣によって人を嫌いになるということがわかりました。

それは何かというと、夜更かし、寝不足です。

ラボでの実験では、18人の男女を集めて日替わりで寝不足の日をつくり、寝不足中の参加者に、徐々に人が近づいてくる動画を見せて、これ以上近づいてくると無理だというところでストップボタンを押してもらいました。

要するに、人がどこまで近づいてきたら不快感を感じるか、不快感を感じないぎりぎりの距離を測るという実験を行なったわけです。

この実験では、参加者の脳もスキャンしていて、社会的な嫌悪感などを感じる部位を同時にチェックしました。その結果、**睡眠不足になると、近づいてほしくないエリアラインが60パーセント、つまり1・6倍も遠くなる**ことがわかりました。それくらい人に寄りついてほしくないわけです。

また、1033人を対象にした、**寝不足になると人が寄りつかなくなり、嫌われやすくなる**という観察研究もあります。寝不足の人は孤独で魅力がないように見える、つまり、第一印象が悪くなることがわかったのです。

実験の参加者に、寝不足の人と、そうでない人の二人が議論をしている動画を見てもらい、その二人にどれくらい魅力を感じたかをたずねたところ、ほとんどの人が、寝不足の人は友達がいなくて孤独そうで、魅力もなさそうだと判断しました。もちろん、二人のどちらが寝不足かということは参加者にはわかっていません。

さらに、寝不足の人の動画を60秒見ると、実験に参加した人たちにも孤独が伝染することがわかっています。受動ストレスと同じように、**孤独感も伝染する**ということです。寝不足になると、他人のことを嫌いになるうえに他人からも嫌われ、まわりに孤独感までまき散らすという、ネガティブな影響ばかりでいいことは何もないのです。

人間関係のトラブルは、もしかすると寝不足からきているかもしれないということが、この研究からわかります。

また、自分のまわりの人間が、全員敵に見えてしまうという人がいます。自分だけひどい扱いを受けているとか、いじめられていると感じる人もいます。

まわりから敵意を向けられているわけではないのに、敵にしか見えない、友達が自分のことを裏切ろうとしていると思う原因は何か、カリフォルニア大学が興味深い研究をしています。

研究によると、その原因はやはり睡眠不足でした。実際に**睡眠不足により、相手の表情を読む能力が低下する**ということを示したのです。

研究では、16人の男女に、敵意ゼロの状態から敵意剝《む》き出しの状態までグラデーションをつけて、すこしずつ敵意が増していくような写真を見せました。そして、どこで敵意を感じるか、どの画像が敵意をもっていて、どの画像が自分に対して友好的なのかを見分けてもらう実験を、次の二つのグループに分けて行なったのです。

- 熟睡した直後に行なったグループ
- 24時間ぶっ通しで起きて徹夜した直後に行なったグループ

その結果、24時間ぶっ通しで起きていた状態で画像を見ると、ほとんどの参加者たちが、友好的な表情と敵意を向けてきている表情の区別がつかなくなり、すべての画像を敵意があると判断したということです。ですから、睡眠不足のせいでまわりが敵に見えるということは大いにあるということです。

さらに、睡眠不足のグループの脳をCTでスキャンすると、脳の島皮質と前帯状皮質の働きが非常に鈍っていることがわかりました。これは感情を読む能力を司っているとされている部位で、そのため人間の表情を見分けられなくなったのです。

たった24時間、徹夜をするだけでも、**自分に対して敵意を向けてくる人と、自分に友好的な人の表情の区別ができなくなる**ことが、この研究でわかりました。研究者は、睡眠不足は人間の感情からポジティブなものを取り除き、すべてがネガティブに見えてしまうとしています。見分けられなくなっているというよりは、全員が敵意をもっている表情に見えるということです。

過去の実験でも、睡眠が足りない人ほど社会的に孤立し、孤独感を味わうことがわかっています。睡眠が足りなくなることによって、全員が敵に見えますから、コミュニケーションがうまくできなくなり、友達がいなくなります。それで孤独になっていくのです。

人間関係においては、嫌なこともイラッとすることもありますが、自宅に帰ってご飯を食べて寝ると、すっきりするという人がいます。じつは、これはまちがいではなく、レム

睡眠のあいだに、コミュニケーションによって分泌されたストレス系の神経伝達物質が減るからだそうです。だから、**きちんと睡眠をとると嫌な感情や記憶が和らぎ、脳内の状態をコントロールしやすくなる**のです。

レム睡眠の質が高くなればなるほど、人間関係におけるストレスが緩和《かんわ》され、人の表情や仕草も正しく読めるようになります。コミュニケーション能力を高めようといろいろがんばるよりも、まずはしっかり寝ることから始めたほうがいいでしょう。

第2章

面倒な人はこうかわす

いい人のふりして攻撃してくる人を撃退するには

一見すると常識的な人が、いい人のふりをして攻撃を仕掛けてくることがあります。こうした人は、気に食わない相手や、自分にとって都合の悪い相手をたくみに攻撃することに長《た》けています。

正直、こんな人とかかわるとかなりやっかいです。

しかし、隠れた攻撃性《カバート・アグレッション》をもつ人は、利用価値のある人を利用し、自分にとって都合のいい人を仲間にし、権力者や目上の人間に取り入るのがうまいので、へたに敵にまわすととても怖い存在です。まともに戦うと何ら得がないうえ、いちばん面倒くさいタイプといえます。

現実に、こういう人たちの被害を受ける人はかなり増えています。とくに、〝コミュ障〟とか内向的なタイプの人、内向的だけれど才能がある人が自分の思いどおりにならないと、攻撃してくるのです。

また、自己啓発の世界で成功しているとか、成功者とつながっているとアピールしたがるタイプの人たちにもよく見られます。

カバート・アグレッションは、いま世界でも研究が進んでいるジャンルですが、**善意を装って攻撃してきます。**だから、まわりも責めることができないし、一見、悪いことをしているようには見えないため、じわじわ追いつめられます。

この人たちは、普通の面倒な人とは攻撃の仕方が違い、みなさんの地位が上がるとかチャンスを手にしようとしたとき、こっそりと気づかれないようにみなさんの評判を落とすのです。

たとえば、上司があなたのことを評価して、昇進させようとしています。すると、カバート・アグレッションは、

「たしかに彼はがんばっていて、人望も厚いです。でも、ちょっと待ってください。いまは彼の出世よりも、部長のキャリアのほうが大事じゃないですか。へたな人を起用して、万が一にも失敗して部長の評判が下がるくらいであれば、いまの体制を維持して立場を確固たるものにしたほうが、最終的には彼も部長に貢献ができて喜ぶでしょうし、みんな幸せになると思うんです」

ということを言うのです。

いい人のふりをして、人を落としているわけです。

あるいは、「おれはお前に期待している」と、背負いきれないくらいの期待をかけてつぶしにかかるケースや、わざと失敗するような案件をもちだして、尻拭《しりぬぐ》いをしてあげたように見せるケースもあります。

カバート・アグレッションは、ふだんからほかの人の相談に乗って個人情報を集めておき、それをアレンジして上の人や下の人に伝えて人間関係を壊しにかかるのです。ですから、誰がカバート・アグレッションかわかっていないと対処できません。

明らかにマウンティングしているなとわかれば対処できますが、**カバート・アグレッションは自分で見抜いて対処しないと戦うことはできない**ということです。ですから、なるべくそんな人たちとはつきあわないようにし、自分のまわりにいない状況をつくることが大切です。

では、カバート・アグレッションを撃退するには、どうすればいいのでしょうか。

カバート・アグレッションへの対処としていちばんいいのは「生かさず殺さず」です。ある意味、とてつもない生命力をもっていますので、敵にまわすと危険です。相手に「自分の手のひらの上でうまく動いてるな」と錯覚させて、実際は自分がコントロールし、飼いならすことが大事です。

ちなみに、カバート・アグレッションは職場だけに存在するのではありません。意外と多いのが、彼氏・彼女、奥さん・旦那さん、親戚です。

次のような特性のある人は、カバート・アグレッションの可能性大ですから、注意してください。

❶無知を装い暴露する

たとえば、「えっ、私、知らなかった」「これ、言ってはいけなかった？」というように、**無知を装って、他人の恥ずかしいことや失敗を暴露する**人がいます。責めることもできないけれど、うっかり知られてしまったとか、うっかりわかる方向に話をもっていったりする人たちです。

❷被害者を装い罪悪感を誘う

被害者を装って、相手の罪悪感を誘うこともあります。普通は相手を攻撃しますが、

そうではなく、自分がいろいろやったのに期待に応えてもらえなかった、裏切られたという感じで、

「私、ここまで準備したけど、じゃあ、やめとくね」

「ぜんぜん気にしなくていいよ、断っておくから」

というように、こちらが頼んでもいないのに善意のふりをしてよけいなお世話をし、「私が頭を下げとくね」と罪悪感やストレスだけを与えてくる人たちです。

被害を加えられていないのに、**私はこういう被害を受けましたとか、勝手に追いつめられたと言って悲劇のヒロインになろうとする**人です。イラッとしますが、へたに責めると自分の立場が下がってしまいます。

夫婦やカップルの場合、たとえば、仕事のつきあいなどで帰りがいつも遅い夫やパートナーに対して、

「私は毎日ご飯をつくって家で待っているのに、あなたはつきあいとか飲みにいったりして、私のことは二の次ね。でも大丈夫、あなたが仕事で忙しいのはわかっているから。私はずっと家でおとなしく待ってるわ」

と言ったりするようなものです。

ほんとうにわかっているなら、わざわざ言う必要もありませんし、ましてやずっと家にいる必要もなく、自分もいろいろなつきあいをすればいいはずです。こちらは相手を縛っているわけではないのに、生活を犠牲にしているような感じで罪悪感を誘うのです。

こうしたときに、「待ってなくていいよ。そっちも飲みにいけばいいじゃん」などと言ったら、関係が崩壊するし、さらに、「ひどい、私はこんなに……」となります。

このように、対処しようのない状況をつくるのが、カバート・アグレッションのやり口です。代替案を出せば怒られるし、では、自分の人間関係を削ればどうなるかというと、仕事に影響が出て稼ぎが悪くなり、結果的に責められます。

カバート・アグレッションの目的は、「悪くないふりをして他人をコントロール」することで、いちばんの問題は、人間関係をひたすら消耗させることです。**大事な人間関係を縛ってくる人は、とても危険**です。

職場だけでなく、夫婦やカップルも、充実した人間関係があったほうが二人の関係もうまくいくものですから、二重に危険な行為です。でも、これをやってしまうのがカバート・アグレッションなのです。

「悪い人ではない」と思い込まず、ちょとでも違和感を感じたら、カバート・アグレッションかもしれないと疑ってみましょう。このタイプかどうかよく見極めて、極力かかわらないようにすることが重要です。

面倒な人に絡まれなくなるための簡単で最強な方法

ややダークな方法ですが、面倒な人を自然と引き離す納得のテクニックがあります。ただし、けっこう強力ですから、いちいち絡《から》んできて面倒くさい同僚や、自分にはその気がないのにしつこく言い寄ってくる異性など、ほんとうに嫌な人に対してだけ使ってください。

どうやるかというと、ある行動をすることによって、相手を孤独な状態に落とし込むのです。これは「ファビング」というテクニックで、簡単に言うと、会話中にスマホを触る行為です。ファビングは相手のメンタルに絶大なダメージを与えることがわかっています。

イギリスのケント大学の研究に、ファビングの悪影響を調べたものがあります。ファビングは相手に孤独感を感じさせ、人間関係ではよくないのでやめましょうという研究です。

この意味は、みなさんもよくわかりますね。面倒な人が寄ってきたときに、スマホを触っていれば撃退できるという、反面教師的なテクニックと理解してください。

ケント大学の実験では、19歳前後の学生を128人集め、3分くらいのアニメを見てもらいました。このアニメには三つのパターンがあります。

- 一つ目は、アニメのキャラが普通に会話をしている
- 二つ目は、アニメのキャラの片方が、会話中にちょこちょことスマホを見る
- 三つ目は、アニメのキャラの一方が会話中にずっとスマホを見ている

この三つのアニメを見せて、学生たちにそれぞれをどのように思うかたずねました。その結果、学生たちは、キャラの一方がスマホを見れば見るほどコミュニケーションの質は低下し、関係性も崩壊するのではないかと回答しました。

実際に、相手がファビングをしているのを見ると、人間の脳がどのような反応をする

のかも調べられています。**相手がファビングをしていると、自分が仲間はずれにされ、もっというと社会からつまはじきにされているような感覚を抱きます**。自動的にそう判断するように人間の脳ができているのです。

孤独感は、人生やコミュニケーションに大きなダメージを与えます。孤独な人がいい人間関係を手に入れるだけで、寿命が15年延びるという研究もあるくらいです。ファビングは、そんな孤独感の問題を加速させるということです。

たとえ悪気がなくても、相手と会話しているときにスマホを触ったり見たりしていると、人間関係にはダメージを与えます。そう考えると、ほんとうに面倒な相手以外には使ってはいけないものです。

裏を返せば、面倒な相手のときは、スマホを見るといいのです。普通の会話で相手をしてもいいのですが、スマホでSNSなどを見て暇つぶしをするわけです。そうすると、相手が自然と離れていきますよ、という話です。

私自身は、つきあいたくないときは、直接、ズバッと言いますが、はっきり言えない場合は、**スマホを出して間接的に相手をつき放すテクニックを使ってみる**のもいいかもしれません。

ただ、やりすぎには注意が必要です。大事な人にはファビングは絶対にしないように気をつけましょう。

ケンカを最短で終わらせるポイントは「未来」にある

恋人や夫婦関係において、どうすればケンカをすぐに終わらせることができるのでしょうか。簡単な質問をたった一つするだけという、かなり使えるテクニックがありますので紹介しましょう。

カナダのウォータールー大学の研究で、パートナーとケンカをしたときに、どのようなことをするとケンカが早くおさまりやすくなるのかを調べたところ、ある質問をすると効果があることがわかりました。

その質問とは、

「いまの二人のケンカについて、1年後にどんな気分になっていると思いますか？」

という非常にシンプルなものです。

恋人や夫婦にかぎらず、誰かとケンカをして怒っているときは、人間はとても短絡的になっています。近視眼的になり、目の前の怒りの感情に振りまわされてしまうのです。そこで冷静になれば、お互いのよくないところ、改善点などが見えてきて、自暴自棄にならなくなります。**ケンカをしたり、怒りを覚えたりしたときには、短気になっている自分の考え方を自覚して、長期的な視点に変えよう**というのが、この質問のポイントです。

実験では、最近パートナーとケンカした人たちを集めて、二つに分けました。

- いまケンカしていることを想像したグループ
- 未来から見たときの視点でケンカを想像したグループ

その結果、未来視点をもたせたグループ、1年後の自分の視点でそのケンカを想像したグループは、お互いの関係をポジティブにとらえなおすことができて、相手を許したいという気持ちが増えたことがわかっています。

許すということは自分にも得があり、幸福度やポジティブな感情が高まります。また、心から許すことができるとイライラしませんから、自分の時間や集中力、労力を無駄にしなくてすむのです。

なお、この方法は、友達や同僚とケンカをしたときにも使えます。未来に視点を移すことで、1年たったらきっとまた飲みにいってるんだろうな、あんなバカげたこともやったなくらいにしか思っていないだろうなと考えられ、許せるようになるのです。

パートナーとのあいだでは、お金や嫉妬など、仕事とは違うディープな問題が起こるものです。そうしたときに一時の感情に左右されると、もともとの些細《ささい》なケンカが原因ではなく、**感情を爆発させたことが原因で関係を終わらせる**ことになりかねません。

でも、二人が長期的な視点をもてれば、いま自分たちをつき動かしている感情と今後の関係を切り離して考えることができるようになります。その結果、コンフリクトが和らいで、冷静な判断が下せるようになるのです。

そうはいっても、実際にパートナーとケンカしたときに、「1年後について考えてみよう」と言っても、相手にしてくれない可能性のほうが高いでしょう。事前に、「二人がケンカをしたときは、1年後にどんな気分になっていると思うかを考える」ことを約束しておくといいと思います。

イラっとしたときにも、このイライラの気分を1年たったらどんなふうに思っているだろうかと考えてみると、無駄にイライラするのを減らせます。

頑固な相手の意見を変える決定版テクニック

仕事での説得や販売から交渉、恋愛まで、いろいろな場面で使える、頑固な相手の意見を変えるテクニックの決定版のような方法があります。これは、よくある説得術とは違い、科学的根拠に基づいていますので、誰が使ってもある程度以上の効果があります。

もとの研究はイスラエルのテルアビブ大学によるもので、結論として、**相手の意見を変えるときには、「激しすぎる賛成をする」**というものです。

たとえば、相手が、「自分は○○だと思う」と言ったとしたら、「ほんとうにそのとおり！　すべて君の言うとおりだ！　君が世界で最高だ」というように、過剰なくらいの同調をすると、相手は「いやいや、そこまででは……」と自分の意見を否定する意見を言いはじめます。これを繰り返していくことで、相手の意見が変わっていくというテクニックです。

私はこれを「極論の逆進性」と呼んでいますが、**人は極論を避けたいので、極論で相

手を肯定してあげると、ほどほどなところをとろうとします。そういう意味で、このテクニックは強力なのです。

実験は150人のイスラエル人の男女を対象に、ほとんどの人たちが絶対に意見を変えないはずのものを題材に、二つのグループに分けて行ないました。片方のグループには、普通にテレビコマーシャルを見てもらいました。もう片方のグループには、デリケートな問題ですがパレスチナ問題にかかわる動画を見てもらいました。

動画は（その問題に対する考えや民族などへの偏見はここでは関係なく）簡単に言うと、「イスラエルは世界でいちばん道徳的で正しいのだから、世界最強の軍隊を使ってパレスチナ問題は解決すべき！　イスラエルが正しい！」というような極論の動画です。いわゆるプロパガンダビデオです。この二つのグループでそれぞれ動画を見たときに、パレスチナ問題に対するイスラエルの方々の態度がどう変わったかを調べました。

イスラエルでは、自分たちがもっとも道徳的な社会をつくっていると信じている人が少なくありません。つまり、イスラエルが最高だと思っている人たちに、その考えを変えさせることができるのかを調べた実験です。

イスラエルが世界でもっとも道徳的だと信じている人たちに、パレスチナ問題を軍事力で解決するのはどうなのかと真っ向から否定するような考えを言うと、当然、激しい抵抗を受けます。この研究では、それを説得する方法はないのかを調べています。

6週間にわたって実験を行なったところ、極論のプロパガンダビデオを見せられていたグループは、なんと30パーセントの人たちが意見を変えました。宗教が絡む問題は非常に根が深いものですが、極端な賛成をぶつけていくことによって意見が軟化し、結果的には信念すらも変わったのです。

いくら説得してもまったくわかってくれない、動いてくれない、自分の考えを聞いてくれないのは、お互いにバリアーをつくった状態で話しているからです。「私はAだと思う」「私はBだと思う」だけでは、**自分たちが正しいと思い込んでいるバリアーがぶつかるだけ**で、どんどん根の深い問題になっていきます。

テルアビブ大学の実験では政治問題を対象にしていますが、これほど根が深い問題でも30パーセントもの人が考えを変えたわけですから、日常ではかなり使えるはずです。相手の意見を変えたいときには、自分に責任がおよばない範囲でものすごく賛成してみてください。そうすると、人間はけっこう冷静に物事を考えるようになります。

たとえば、自分は糖質制限でやせたとか、○○ダイエットでやせたと実感しているとします。そこへ、仮に糖質を食っているやつはゴミだ、法律で制限すべきだ、と強く言ってくる人が現れたら、たしかに自分も糖質制限をしているけどそこまで言わなくてもとか、糖質にもいいことあるよね、となって中立な立場をとりやすくなります。

逆に、自分の考えに同調してほしくて極論をぶつけてくる人がいますが、それはかえって冷めてしまいます。説得したいのであれば、「相手の意見を極端にした賛成意見」をぶつけていくことです。それによって相手の信念を変えられます。

では、このテクニックを、恋愛などに活かすにはどうすればいいのでしょう。

たとえば、恋人のいる女性に対して略奪愛がしたいのであれば（略奪愛自体おすすめしませんし、責任はもてません）、彼のダメなところをあげつらうのではなく、

「君の彼氏は最高だよね。お金もあるし、見た目も格好いいし、芸能人みたいだよね。すごくやさしくて、家でも料理とか洗濯とか掃除とか、全部してくれそうだよね！」

と、とことんほめまくれば、絶対に不満が出てきます。

これをひたすら繰り返すと、相手の口からは愚痴《ぐち》しか出てこなくなり、やがて略奪愛に発展しやすくなります。

逆の場合にも使えます。たとえば、子供が勉強したくないと言ったとします。そこで、

「勉強しなくていいよ！　勉強しなくても成功している人もいるし、高卒で働いてビジネスで成功している人だっているんだから、そうすればいいよ！　というか、いますぐ働いたほうがきっといいよ！　中卒で成功している人もいるよ！」

くらいに言うと、いや、大学くらいは出ておこうかと思うんだよね……と子供も冷静に考えるようになります。

このように、**相手の意見に則《のっと》った極論をぶつけて、相手の意見を変える**というのはけっこう使えるテクニックですので、ぜひ実践してみてください。

上から目線は類似点・共通点を活かして叩きつぶす！

すこしえげつないですが、相手を論破《ろんぱ》するテクニックを一つ紹介しましょう。これは、どんな相手でもほぼ通用するもので、とくにその相手が偽善者であればあるほど論破できる強烈なテクニックです。

よく、「私は君のためを思ってしているんだ」とか、「みんなのためを思ってやっている」というように、自分が得をしたいだけなのに偽善的な発言をする人がいます。子供を自分の支配下に置きたいから、「あなたのためを思って」と言ってコントロールしようとする親、あるいは部下をコントロールしようとする上司もいます。

このように自分を正当化しようとしたり、偽善を振りまいたりする人を一撃で論破できるのが、「アナロジーの乱用」です。知っていれば、逆にこのテクニックでやられた場合にも打ち返すことができます。

アナロジーの乱用は、**類似点を意図的に乱用する**テクニックです。もとは2007年に行なわれた論破に関する研究で、経済学者のマドセン・ピリーさんが議論に勝つための方法として論理的誤謬《ごびゅう》リストをまとめ、さらに2018年に社会心理学者のボー・ベネットさんが詭弁《きべん》の考え方を加え、詭弁の効果を集めたサマリーを出しました。

人は共通点や類似点からとても大きな影響を受けるもので、その説得力の高さは異常ともいえるほどです。

たとえば、名字や名前の一部が同じ、誕生日や生まれた月、星座が同じ、血液型が同じ、好きなスポーツが同じ、好きな曲のジャンルが同じ、出身地が同じなど、どんなものでもいいので**何か一つ共通点があるだけで、相手に対する影響力が2倍になる**ことがわかっています。

つまり、共通点がない場合にくらべて、相手がこちらのお願いに「YES」と答えてくれる確率、説得される確率が2倍も高くなるということです。

このように、何か共通点があるだけで強力な影響を相手に与えます。相手と仲よくなりたいときは、お互いの共通点をアピールすればとても効果があります。

こうした共通点を、逆に相手を論破するのに使おうというのが、アナロジーの乱用というテクニックです。すなわち、誰もが悪者だと思っている、あるいは、その会社や組織文化から考えて敵だと思われている、人や組織との共通点をアピールするという方法です。

たとえば、あなたが自然保護活動をしている団体にいるとして、その団体のなかで覇権争いになり、相手を論破したい状況にあるとします。こういうときは、相手を、自分たちが所属しているコミュニティの敵と同じ考え方をしているとして、**ネガティブなものと結びつけていく**のです。

「君はまるでビニール袋をいくらでも使っていいと思っている人たちと同じようなことをいうんだね」

という具合です。

これがアナロジーの乱用で、慣れるといろいろな場面で使うことができます。

ですが、たとえば、「あくまで善意で、みんなのためを思ってしていただけ」という偽善者がいたとして、その偽善者を普通に論破するのはなかなか難しいものです。そんな相手に対しては、

「そうはいうけれど、ヒトラーも善意で行動していたよ」

といえば、ヒトラーとの類似性をアピールすることになります。つまり、

「お前はヒトラーと同じだね」

ということになるわけです。

このように、「みんなのためにしたことだ」と偽善を振りまいても、相手を悪役であるかのように仕立てることができるのです。これをうまく使えるようになれば、ほんとうに誰でも叩きつぶすことができます。

もうすこし例をあげておきましょう。

たとえば、「悪気はなかった」という相手に対しては、

「それは殺人犯の多くが『殺す気はなかった』といっているのと同じだよね」

といえば、相手を殺人犯のイメージと結びつけることができます。

「みんなのためを思ってしたことだ」という相手に対しては、
「賄賂《わいろ》を受け取るような悪徳政治家ほど、表では国民のためにがんばっているとアピールしているよね」

といって、みんなのためだとアピールしている人ほど裏では悪いことをしているというようなイメージと結びつけることができます。

また、みんなが新しいことをしようと盛り上がっているときに、
「そういうシステムの移行はもっと慎重に行なったほうがいいよ」

などと、自分は働きたくないので、水を差したり、よけいなことをいってきたりする人がいます。こんな相手には、
「まるでそれは、仕事が遅い公務員のような言い訳だね」

というように、その**相手を好ましくない対象と強制的に結びつけて話す**のです。

アナロジーの乱用は、誰かを攻撃するというよりは、攻撃されて反撃するときに使えるようになっておいたほうがいいのです。大義名分を振りかざして攻撃してくるような相手に対しては、アナロジーの乱用は非常に強力に作用してくれますので、ぜひ試してみてください。

なお、このテクニックは、1対1のときにはお互いの議論が平行線になるだけであまり意味はありません。**公衆の面前や多くの人間がいるところで使うと非常に効果のあるもの**になります。ただ、これを使うと人間関係は粉々に壊れますから、人間関係が完全に切れても相手を論破しなければならないという場合にのみ使うようにしてください。

「雨が降ってすみません」のひと言で信頼感がアップ

悪いことをしていないのに、あやまるという行為がありますが、じつはこれを上手に使うと、他人からとても信頼されることがわかっています。ハーバードビジネススクールの研究では、雨が降ったことに対してあやまると他人から信頼されるという、なんともヘンテコな結果が出ているのです。

この実験では、研究者が普通に、「携帯電話を貸してもらえませんか」とお願いした場合と、「今日は雨が降ってすみません。ところで、携帯電話を貸してもらえませんか」と、雨が降っていることをあやまってからお願いをするということを行なったのです。結果は、雨が降ったことをあやまってから携帯を貸してほしいとお願いすると、45パーセントも貸してもらえる確率が上がったのです。

ちなみに、雨が降っていることに限定する必要はなく、電車が遅れた、気温が高すぎる、世の中の不景気など、**個人の力ではどうにもならないことに対してあやまることで信頼感が高まる**ことが、この研究で明らかにされたわけです。

自分に過失がなくても、とにかくあやまったほうが、相手の信頼感は上がるのです。このことから、コミュニケーションにおいて信頼感を高めるには、まずあやまることが大切といえます。

アメリカのケネディ元大統領は、彼の最大の失敗とされているキューバのピッグス湾事件において、すべての決断の責任は自分にあ

ると表明しました。この謝罪が国民に受け入れられて、彼の支持率は大きく上がったのです。つまり、自分の過失や弱みを正面から受けとめることができる人は、信頼できる、リーダーとしてふさわしいと思われるわけです。

人間の脳は、**謝罪ができる人を強い人間だと判断**します。ですから、自分の力ではどうにもならないことや自分が悪くないことであっても、あやまっておいたほうがコミュニケーションの質は上がりますし、信用されやすくなると思います。

日本でも、結婚式の挨拶で「本日は、お足元の悪いなか……」という挨拶があります。足元の状況に関しては、本人にも、主催する人にも何の非もないのですが、そんななかでも来てくれた方々に、申し訳ないという気持ちを込めてお礼を伝えるわけです。

このように、自分たちの力ではどうにもならないことを挨拶程度の言いまわしでもいいのであやまることで、相手とよりよい関係を築けるようになるのです。

土下座をしてもほとんど謝罪の効果はない

ほんとうに悪いと思って何度もあやまっているのに、許してもらえない、いつまでもネチネチと言ってくるという経験をしたことが、誰しもあると思います。こうした際に、相手が許してくれやすくなる効果的な謝罪の方法があります。

2016年に、アメリカのオハイオ州立大学が755人の男女を集めて、架空の会社の社員が仕事でミスをしたというストーリーを用意し、参加者には、ミスをした社員の上司役としてあやまられる側を演じてもらう実験を行ないました。

その結果、どのようにあやまると許してもらえたのか、許してもらいやすかったのかを調べたのです。効果の大小はありますが、あやまり方は六つのパターンのいずれかに当てはまりました。

❶自分の責任を認める

「私が悪かったです。私の責任です」と、自分の責任を認めます。

❷問題の解決策を提示する

「今回は申し訳ありませんでした。今後こういうことが起こらないようにするために、こういうやり方で対抗策を講じます」と解決策を提示します。

❸後悔を表明する

「なぜあんなことをしたのか、いまでも寝る前に後悔していて、ほんとうに悔やまれてなりません」と、自分が後悔していることをアピールします。

❹何が悪かったのかを説明する

何がどう悪かったかをきちんと説明します。これは後悔を表明するのに近いですが、落ち度の部分を強調するパターンです。

❺もう二度としないとあやまる

「これで懲《こ》りました。もう二度としませんから許してください」というパターン。

❻ひたすら許しを求める

「ほんとうにごめん。もうしないから、ほんとうにごめん」と、ひたすら許しを求めます。

この六つのなかでもっとも効果的で、許してもらえる可能性がいちばん高いあやまり方は、❶の「自分の責任を認める」でした。次が、❷の「問題の解決策を提示する」です。つまり、**「自分の責任を認めた」うえで、「問題の解決策を提示する」というのがもっともいいあやまり方**だといえます。

一方、❸の「後悔を表明する」から❺の「もう二度としないとあやまる」は、どれも効果はほぼ横並びで、あまり効果がないということがわかっています。

そして、もっとも効果が小さかったのは、❻の「ひたすら許しを求める」でした。これをするなら、あやまらないほうがまだマシです。

基本的には、「自分の責任を認める」と「問題の解決策を提示する」を組み合わせるのがもっとも効果的で、それ以外のことはやらなくていいことが研究からわかっています。許してもらうためにいろいろやりがちですが、効果がないばかりか、むしろ〝火に油〟だといわれています。

研究チームは、ミスを犯したのは自分で、自分の過失が原因だと、まずは自分のミスを認める潔《いさぎよ》さが重要だとしています。

ただ、自分の非を認めてあやまっても、なかなか気持ちが伝わらないケースもあります。なぜ、「言葉だけの謝罪」「表面上、あやまっているだけなんじゃないの」と言われるのかというと、**自分が悪かったことを認める時間が少ない**からです。

たとえば、「これは自分のミスだ、今後○○するから許してほしい」とあやまったとしても、「……、でも……」「……、しかし……」となると、後半の文脈のほうが強調され、インパクトも強くなります。さらには、なぜか最後に「許してほしい」という言葉を入れるため、逆効果になるわけです。

安っぽい謝罪と見られないためには、最初の自分の責任を認める部分を幅広くとったうえで、相手の話もこれ以上出てこないくらいにしっかりと聞き、最終的に相手の言葉も上手に使いながら、今後、同様の失敗をしないためにどのような対策をするのか、まちがいをどのように修正するのか、ということを示す必要があるのです。

その際、土下座はほとんど効果はありません。許してほしいがためにやっていると思われたら、アウトです。「責任を認めて行動を始めている」ということを見せるのが大事であって、「許してほしい」という気持ちばかりが前に出ていると、まったく意味がないのです。

仲直りが上手な人たちが口にする魔法の言葉

アメリカのジョージア大学の研究で、仲直りがうまく、いい結婚生活を送っているカップルの特徴を調べています。500組近い夫婦を対象に、結婚生活がどれくらいうまくいっているか、ふだんどのようなコミュニケーションをとっているかなど、さまざまなアンケートをもとに、いい結婚生活に必要な要素を調べました。

その結果、相手に対する「感謝」の言葉が会話のなかにたくさん含まれていることが、結婚生活の満足度を高め、いいカップルになる条件であることがわかっています。カップルが人生の悩みや大きな困難に直面したり、夫婦ゲンカをしたりしても、感謝を伝えると二人の状況はよくなるのです。

つまり、**いい関係を築いている人たちは、仲直りのときに感謝を伝えている**のです。もちろん、謝罪もしますが、それよりも感謝の言葉を重要視していたのです。これを意識して心がけると仲直りのスピードが速くなり、お互いの困難を乗り越える力も高まります。何の悩みもなく、いっさいケンカもしないというカップルはいないでしょう。どんなに激しいケンカをしても、感謝の気持ちを伝えることが二人の関係にとっては大切なのです。

もう一つ忘れてならないのは、謝罪に対しては否定ができることです。どんなにあやまったとしても、「あやまればいいと思っているでしょ！」とか、「いまさら遅い！」などと言い返されることがあります。

でも、感謝に対しては非常に否定しづらいのです。**感謝を否定すると、その人自身が悪者になってしまう**からです。これが感謝の効果といわれるものです。

人は自分が正しいと思いたいし、いい人でいたいのが根源的な欲求です。夫婦関係だけでなく、相手を説得するようなコミュニケーションでは、感謝の言葉を使うようにしましょう。

ちなみに、感謝の重要なポイントは、表面的な感謝ではなく、相手がいることによって**自分の人生にどんな影響があるのか、自分の人生や考え方をどれぐらい変えてくれたのかを伝える**ことです。ふだんから、相手の存在が自分に与えてくれていることに具体的に感謝し、伝えることを意識してください。

サイコパスに学ぶ、怒りをうまく切り離すスルー技術

サイコパスというと、殺人鬼とかシリアルキラーのイメージがありますが、サイコパスを簡単に言うと、めちゃくちゃ意志が強くて、他人にバカにされようが物ともせず、自分がやるべきことに集中し、他人に流されず、自分らしい決定をして、時代をつくっ

ていく人のことです。

昔は空気が読めて、和を重んじ、まわりの意見にあわせることが大事だといわれていましたが、それは社会が閉鎖的だったからです。昔の日本には関所などもあって、特別な許可をもらっている人でないと国内の移動もできませんでした。限られた狭いコミュニティのなかで暮らしていくためには、他人にあわせないと生きていけなかったのです。サイコパスになって、「おれが、おれが」となったり、群れの常識をくつがえすようなことをしたりすると、へたをすれば殺されかねません。社会で生きていくのに有利だったから、みんな空気を読んでいただけです。

ところが、いまは違います。いまは、自分と意見のあう人や同じ考えをもつ人を、SNSなどのコミュニティを通じて簡単に見つけることができます。

たとえば、YouTubeなどでも、人気があるのはほかの人とは違う、変わった人たちです。そういう人たちのほうが魅力的だから、そういう人たちのもとに、好きな人たちが集まるようになったのです。

グローバル化が起こって、情報化社会により自由に情報発信ができるようになった時点で、**空気を読む人間の時代は終わった**といえます。ある意味、いまサイコパスの時代がきているわけです。

サイコパスはすごく合理的で、他人や周囲の感情に流されて選択肢を誤りません。また、つねに冷静に自分を見つめているので、残酷な決定や事実も受け入れられます。なぜかというと、感情に対して執着がないので、自分が合理的だと思う選択肢は、自分の感情も他人の感情も気にせず選ぶことができるからです。

この、**執着しないというサイコパス性が重要**です。私たちは、何かで成功すると、その成功に縛られたり執着したりしがちです。でも、サイコパスは、目的を達成できるのなら何でもいいと考えています。**執着がないので、不要なものは捨てて、次に挑戦できる**わけです。

さらに、自分の感情を切り離すのがすごくうまいです。サイコパスでも怒りは感じますが、怒りを切り離して冷静にものを見ることができます。

こうしたサイコパス性を身につけると、他人から言われた罵詈雑言《ばりぞうごん》や周囲からのプレッシャーがまったく気にならなくなります。鈍感ではないので理解はしていますが、そのうえで無視できるのです。

サイコパスは空気を読めないと思われがちですが、読めないのではなく、読まないのです。つまり、まわりがどうなっていて、自分はこう期待されているな、ここではこういうふうに行動するのが普通で、適応的なんだろうなと思うけれども、「だが断る」というのがサイコパスです。

このサイコパス性を身につけると、アホはスルーし、自分の望んだ人生を手に入れることができるようになります。嫌われるかもしれないというおそれもまったく気にせず相手に話しかけるといった、**いい意味での鈍感力を発揮した外向性と、感情をいっさい切り離して冷静に判断できるメンタルの強さ、**この二つのサイコパス性を手に入れれば強い武器になります。

不安や恐怖心がなく、それを克服できるということは、あらゆる場面で人生の質を高めてくれます。また、動じない心をもつことで、アホをスルーすることもできるようになります。

ちなみに、サイコパスには一次的サイコパスと二次的サイコパスがあります。一次的サイコパスとは、サイコパスな特性をもつ人がコミュニケーションスキルを身につけたサイコパスのことで、二次的サイコパスとは、自己中心的で他人のことも何も考えない、いわゆる殺人鬼のようなタイプです。

私たちは一次的サイコパスに学び、彼らが、なぜ他人の目を気にせずに自由に強い意志をもって生きられるのかを分析して、ファンクショナル・サイコパス（サイコパスの機能性）だけを身につければいいのです。

話を聞いてくれない人にはポジティブな情報から伝えよう

人の話を聞かないやっかいな人は、説得もできなければ、自分の言いたいことも伝わらないので、こんな人が家族や同僚などにいると、結局、自分が尻拭いをしなくてはならなくて生産性が上がらなくなることがあります。

とはいえ、人の話をなにひとつ聞かずに生きていける人はいません。ですから、**話を聞く人と聞かない人の違いは何なのか**をまず掘り下げて、そこから話を聞かせるにはどうすればいいのかを理解していく必要があります。

これをさらに深く掘り下げていけば、1対多数ではほとんど全員が聞いてくれないときに、どうすれば話を聞いてもらえるようになるのかが理解できるようになります。また、ＹｏｕＴｕｂｅで会員を増やすことができるかもしれませんし、ＩｎｓｔａｇｒａｍやＴｗ itterなどのフォロワーを増やすこともできるかもしれません。

あるいは、新しい商品やサービスを提供しようと考えたときや、転職とか新しい挑戦をしようと考えたときに、自分の話に興味をもってもらうためにはどうすればいいのかがわかるようになるのです。

人の話を「聞く・聞かない」ということに関して、人は大きく三つのタイプに分類されます。

❶開放性が高く新しいことに興味がある人

このタイプは知らない話を取り上げたり、見たことがないものを見せたりすると、とりあえず話を聞いてくれやすいといえます。

❷保守的な人

このタイプは新しい考え方を受け入れることがないので、自分の知っている範囲や自分が受け入れることができる範囲でしか人の話を聞くことができません。人の話を聞かない人は、だいたいここに含まれます。

❸ 差別主義者

このタイプは柔軟性が著しく低く、保守的ということも通り越して、変化や異なるもの、物事の複雑性を理解することができません。たとえば、「韓国人はみんな○○だ」「中国人はみんな○○だ」というように、物事をひとくくりにしてしか考えることができず、個々の違いを見ないため、話を聞いてもらうには特殊な対応が必要です。

ここでは、もっとも多い保守的なタイプの人に話を聞かせるための方法についてお話ししましょう。

通常、**どんなに保守的な人であっても、好奇心はもっている**ものです。柔軟性が高い人やリスクをとる能力が高い人は、自分の知らないこと、やったことがない体験、ドキドキして興奮するものに好奇心を発揮します。

逆に、ずっと続けてきたから、これからも続けていきたいというように、自分の知っている範囲から離れたくないと考える人もいます。たとえば、自分は文系なので職業も文系に就《つ》こうとか、転職をする際には同じ業界で変わりたいというような人たちです。

このような好奇心の幅が狭い人を、新しい方法で説得するのはかなり難しいですが、じつは保守的な人の好奇心には特徴があります。

通常、人間の脳はポジティブな情報を求め、ネガティブな情報を避ける方向に動きます。たとえば、タバコを吸うとどんな害が生じるのかを喫煙者にいくら言っても、なんだかんだと屁理屈をつけ、自分にとって都合のいい情報を探そうとします。

他人の話を聞かない人や、好奇心が低く、新しいことを学んだり視野を広げたりしない人は、「あなたはまちがっています」と言っても、自分にとって都合のいい論を展開したり、ありえない理屈を出してきたりして、結局は認めようとしません。

こういう人には正面からの説得は難しいので、**その人にとって都合のいい情報を出していく**のです。

基本的なテクニックを一つ紹介すると、研究でも推奨されている「ギャップ補足法」があります。これは相手の好奇心を煽《あお》るテクニックで、ＹｏｕＴｕｂｅのタイトルを考えるときにも使えるものです。

まず、「え、それってどういう意味？」という意外性のあるものを提示します。そのうえで、相手にとってポジティブな情報を提示し、いちばん言いたいことを伝えるようにします。

たとえば、タバコをやめてもらいたい状況を考えてみましょう。タバコの害をいくら伝えても、こういう人は聞く耳をもちません。

でも、この人がもしゴルフ好きで、スマホを見ているときに、「あることをやめてゴルフのスコアが15上がった芸能人の秘密」といったタイトルの記事が出てきたら、気になってクリックしますね。

そして、「タバコをやめることでゴルフのスコアが縮まった」とあれば、タバコをやめようかと考えはじめます。

まずはポジティブな情報で好奇心を煽り、次に、タバコをやめることで集中力が上がり、ゴルフのスコアが上がるという情報を伝えると、最近、世の中の風当たりも強いし、禁煙してみようかと思わせることができるのです。

これをまとめると、次のようになります。

●ギャップ補足法で好奇心を煽る
●相手にとってポジティブな情報を伝える

●相手に理解してほしい事実を伝える

この三段式は私もよく使う方法で、かなり効果が高いものです。相手に言いたいことがあるときには、まず相手が興味をもっていることを考えてください。自分の伝えたい事実を、それとどう組み合わせるかが大切です。

頼み事には人間関係をぐんと深めるタイミングがある

みなさんは人に頼み事をしたり、お願いをしたりすることが抵抗なくできるタイプでしょうか。これが苦手だという人は、人生で大きな損をしている可能性が高いといえます。なぜかというと、人間関係を深めるのが頼み事だからです。

こういうと、まわりの頼み事をいつも快く引き受けている人は人間関係がよくなるのは当たり前だという人がいますが、そうではありません。人間には、**頼み事を聞いてくれる人よりも、自分に頼み事をしてくる人のことを好きになる**というおもしろい性質があるのです。

普通に考えれば逆ですよね。頼み事を聞いて助けてくれているのですから、頼み事を聞いてくれる人のことを好きになるのはわかります。でも、実際は、人は頼み事をされて、そのお願いに応えてあげるほど、頼み事をしてくる人のことを好きになるというのです。

なぜかというと、人はもともと群れをなす生き物で、群れのなかで必要ないと判断されると生きていけなかったからです。群れのなかで価値がある存在だと思われたいので、本能としてまわりから頼られたいという気持ちがあるのです。

もし、人から頼み事をされて引き受けるという関係で、その人を好きになれなかったら、群れのなかでの助け合いがなくなります。進化心理学的には、人間がこの助け合うという性質をもっていたから生き残ってきたといわれているのです。

ですから、みなさんが**相手と仲よくなりたいと思うのであれば、その人に助けてもらうにはどうするかを考えたほうがいい**のです。

もちろん、助けてもらってばかりではダメです。また、相手に大きな負担をかけるようなことは頼むべきではありませんが、どんどん頼ったほうが人間関係はよくなっていくのです。

とはいえ、頼み事をしづらいと思う人も多いでしょう。そういう人は、おそらく過去に断られた経験がトラウマになっているのだと思います。また、頼み事をすると無下《むげ》に断る人がいて、そのことを気にする人もいます。そのせいで、もう頼み事はしないと思ってしまうのです。

では、頼み事を聞いてもらいやすくするには、どうすればいいのでしょうか。それには、時間帯を考えることが大切です。**頼み事が通りやすい時間帯と頼み事をしてはいけない時間帯を把握する**ことによって、相手に嫌な顔をされず、快く応じてもらう可能性が高くなるのです。

いろいろな統計データを見てみると、人間が「ＹＥＳ」と言いやすい時間帯は決まっています。多くの人が、生産性が上がっているときに頼み事をされるのを嫌がります。集中して仕事がはかどっているときに頼み事をされると、イラッとするのです。

ですから、相手が集中しているタイミングは避けるようにしましょう。基本は、**相手がリラックスしていて、かつ、気分がよさそうなときがベストタイミング**になります。

多くの統計データによると、ほとんどの人が、金曜日の午後から生産性が大きく低下し、同時に、週末の休みのことを考えて気分はとてもよくなります。つまり、頼み事をしやすい状況がいちばんそろっているといえます。このタイミングでお願いすれば、快く引き受けてくれる確率が高くなります。

逆に、絶対に頼み事をしてはいけないのは、週明けの月曜日です。ほとんどの人が、月曜日の午前中は気分がもっとも低下します。仕事のやる気も出ないし、生産性も低いわけですから、このタイミングで頼み事をするのは最悪です。

仕事のメールなどを、わざわざ月曜日にする人がいますが、これはやめたほうがいいでしょう。金曜日のうちに終わらせておくか、火曜日以降にしたほうが、頼み事は明らかに通りやすくなります。もしハードルが高い頼み事をする場合には、予約をするような感じ

でお願いするとうまくいくといわれています。

こんな実験があります。寄付する金額を好きに設定する「Give more now」と「Give more tomorrow」という二つのプログラムのどちらかを選んで加入してもらい、どちらのプログラムのほうが寄付金額が高くなるのかを調べたのです。「Give more now」は加入した月から引き落としが始まり、「Give more tomorrow」は3カ月後に引き落としが始まるというものです。

結果としては、3カ月後に引き落としが始まる「Give more tomorrow」のほうが、大きい金額が寄付されたということです。つまり、**人間は未来のお願いに関しては寛容になる**のです。

これは、みなさんもなんとなくわかると思います。いきなり「今週末に会おう」と言われると、べつに予定がなくてもなんとなく断ってしまうことがありますよね。でも、「2カ月後に食事に行こう」と誘われたら、気軽に応じるのではないでしょうか。2カ月後もいまと同じように忙しいし、時間は同じくらいに大事なのに、なぜかOKしてしまうのです。

ですから、もしハードルの高い頼み事をするのであれば、1カ月前くらいに頼むようにしましょう。そのほうが相手の抵抗感を減らすことができるので、頼み事は通りやすくなるはずです。

説得するのが無駄な相手は4回で見抜ける

日常、いろいろな説得をする場面があります。

「もっとこうしたほうがいいよ」

「もっとこうしてほしい」

などと説得しますが、何回説得しても理解してくれない人がいます。結局、何回説得しても変わらなくて、最終的に自分で後始末をやらざるをえないという経験をした人もいることでしょう。

こんなときに、とるべき手立てはあるのでしょうか。結論から言うと、**説得できない人にかける時間は極力省いて、説得できる人に注力すべき**です。説得するだけ無駄な人はあきらめて、説得できる人たちに時間をかけたほうがよいということです。

アメリカに、日本の「2ちゃんねる」のような「Ｒｅｄｄｉｔ（レディット）」という掲示板サイトがあり、そこでもいろいろな議論が交わされています。アメリカのコーネル大学では、そこで行なわれた議論や討論などを2年分集めてテキストマイニングし、どういう説得の仕方が意見を変えやすかったのかを研究しました。

その結果わかったのは、**4回やりとりをして説得できなかったら、相手が意見を変える可能性はほとんどない**ということです。4回説得を試みても相手が意見を変えない場合は、きっぱりとあきらめましょう。

逆に、4回説得するまでに、すこしでも態度を軟化させたり、理解の片鱗《へんりん》を見せたりした人は説得が期待できます。そういう人が何か意見を言ってきたときには、すぐに返事をすると説得できる可能性が高くなりました。ただ、即答できる切り返しの速さが求められるうえ、根拠となる情報の把握ができていないと説得は難しいともいえます

さらに、もう一つ、**大勢で説得したほうが意見を変えやすい**ことがわかっています。上司に考えを変えてほしいとか、冷静になって考えを変えてほしいと思うときには、複数人で説得するほうが説得力が上がるのです。

私の知人の経営者で、説得している相手が悩んでいたら、その場にいない人に電話をかけて説得してもらっている人がいます。これは即興で、大勢による説得をしているの

と同じことです。

また、**相手が使う単語とは違う単語を使うと、相手が意見を変えやすくなる**という結果も出ています。心理学の世界では、相手の言葉や単語をそのまま繰り返して使うと、お互いの共通点を見出《みいだ》せて信頼感を築けるといわれます。しかし、説得する場合は、相手と違う言葉を使わないと、相手は自分の意見に固執するようになります。

さらに、激しい言葉や厳しい言葉で責め立てると、相手のガードは固くなり、感情的になって話を聞いてくれなくなりますし、逃げ道がないような論破をしようとすると、話し合いにならなくなったりします。いずれにしても、説得する際には、穏やかな言葉を使ったほうが効果があります。

私が意識しているのは、**たとえ話を多用する**ことです。たとえ話を増やせば増やすほど、相手の意見が変わりやすくなることがわかっています。たとえ話を長く聞いてもらうためにも、短くスパッと結論を言うようにしましょう。

たとえ話は、たくさん用意しておき、ストーリーをつけ、感情的なワードや具体的な名前を入れながら話すと効果的です。そして、たとえ話で説明したあとに、もう一度結論を言いましょう。結論をボンと言って、たとえ話で説得力をつけ、もう一度結論を言って印象づけ、たとえ話を結論ではさむようにします。

説得する際の話し方としては、言いきったり断言したりするのは、リーダーなどが1対多数で話すときは効果的ですが、1対1や1対小人数で説得する場合は、どちらかというとぼかした言葉を使ったほうが効果的です。

「絶対にこうだ！」ではなく、「このようなこともある」くらいだと、たしかにそういうこともあるかなとなりやすいのです。つまり、ぼかした言葉のほうが、説得に乗ってくる可能性があります。議論としては弱くなりますが、トーンが柔らかくなるので受け入れられやすいのです。

また、説得をするときに、相手を叩きつぶそうとする人がいますが、それは説得ではなく論破です。説得するためには、相手が受け入れられるカタチにして、落とし所を用意しておくことが大切です。

ところで、パッと見で、説得しづらい相手を見分ける方法があります。

極端な言葉を使う人は、説得しづらい人です。「最悪」「最高」「まちがいない」「誰でも」「絶対的に」「圧倒的に」などの言葉を使う人は、意見を変えにくいことがわかっています。もちろん、それをキャラクターとして使っている人は別ですが、ちょっとしたことでも、すぐに「最高！」とか「最悪！」と言う人は、物事を表現するボキャブラリーが少ないため、思考の柔軟性が低いのです。

極端な言葉を使い、かつ、ボキャブラリーの少ない人は説得しづらいので、4回説得してもダメな場合はあきらめましょう。

「頑固なバカ」を頭ごなしに否定するのはNG

「バカとハサミは使いよう」と言われるように、他人から影響を受けやすいバカはなんとかなりますが、「頑固なバカ」は困りものです。

まちがっていることやまちがっている人のことを信じつづけていたり、自分はすべてを知っているとか、自分が言っていることは正しいと思い込んだりしている人は手に負えません。

その人と利害関係がなければスルーするのがいちばんいいのですが、なんとかまちがっていることに気づいてもらい、うまく対処したい場合はどうすればいいのでしょうか。

アメリカのイリノイ大学が、1994年から2015年に行なわれた、まちがった情報を信じている人にまちがっていることを気づかせる方法を調べた論文のなかから、質の高いものを集め、6878人分のデータをもとにメタ分析を行ないました。

結論としては、**他人のまちがった思い込みを完全に修正するのは、ほぼ不可能**だったのです。

たとえば、参加者に、「現在、国が行なっている医療改革は、老人を殺すための陰謀」といった、普通に考えれば信じないような情報を聞かせたうえで、正しい情報を新しく伝えても、何の根拠もなくまちがった内容だったと伝えても、修正するのは無理でした。

いろいろ試したなかで、思い込みを正すことができる可能性がすこしだけあったのが、次の二つのテクニックです。

❶相手が信じているニセ情報の細部を繰り返さない

ちょっと前に、「ホメオパシー」というものがはやったことがあります。ホメオパシーとは、簡単に言うと、アレルギーの原因になる物質を薄めてすこしずつ摂取することで、体を慣らそうとするものです。

こうした説を信じている人たちを説得する際、その根拠としている部分を掘り下げて論破しようとしがちです。ですが、まちがった内容を繰り返して話すと、相手はますます頑《かたく》なになり、その内容に固執するようになってしまいます。

❷新しい内容の細部を伝える

では、何を伝えたらよいかというと、新しい情報の細部を伝えると効果があることがわかっています。

たとえば、ホメオパシーには、その根拠となるまともな論文が一つもなく、RCT（ランダム化比較試験）も1件もないし、メタ分析も行なわれておらず、効果が実証された論文もすでにくつがえっている、というような説得の仕方はアリです。

つまり、頭ごなしに否定するのではなく、相手が信じていることを認めたうえで、それがくつがえっているという最新の情報を細かく伝えると、説得につながる可能性があるのです。新しい情報をもうすこし調べてみるようにうながすだけでもOKです。

とにかく、**相手の考えていること、信じていることと相反する最新の情報、相手が考えを変えるきっかけになる情報にたくさんふれさせる**ことが、唯一、変な思い込みをもった「頑固なバカ」を変えるための方法だということです。

また、もともとは遺伝子組み換え食品に関する意見をもとにした研究で、「ダニング・クルーガー効果」というものがあります。簡単に言うと、バカな人ほど「自分は頭がよくて何でも知っている」と思い込んでいるということです。

『知ってるつもり——無知の科学』（スティーブン・スローマン／フィリップ・ファーンバック著、土方奈美訳、早川書房）という本に載っているフィリップ・ファーンバックの論文と、コロラド大学の研究をもとに紹介しましょう。論文は、遺伝子組み換え食品に反対している人たちはどんな人なのかを調べたものです。

遺伝子組み換えの是非はさておき、環境にいいのは確かであり、遺伝子組み換えについていまさら議論することは、科学的にはナンセンスだといわれています。それでもなぜ根強く、いつまでも遺伝子組み換えを批判しつづけるのかを調べたのです。

調査では、2500人超の男女に、遺伝子組み換え食品についてのアンケートと合わせて、「大気中の酸素は何からできているか」「大気中にある酸素と窒素の量の比率はどれくらいか」といった、科学的な基礎知識を問うテストを行ないました。

その結果、反対のレベルが高い人ほど、客観的な科学知識が欠けていることがわかりましたが、なぜか多くが「自分は科学にくわしい」と主張したのです。こうした根拠のない反対をしている人たちには、二つの傾向が見られました。

❶自分から正しい情報を探さず、無視する

正しい情報があるかもしれないということがわかっているのに、あえてそれを無視しようとします。自分にとって都合の悪い情報は、それが事実であっても、すべて積極的に無視するのです。

❷正しい情報を伝えると否定的な態度をさらに強くする

このような人たちに正しい情報を伝えると、根拠のない否定をし、最後には開きなおります。正しい情報を出せば出すほど、よけい頑固になります。

こうした傾向は、文化の違いによらず見られ、とくに、最新のテクノロジーの分野などでは反論が起こりやすいそうです。

「頑固なバカ」は、自分はそのことについてすでに知っていると考えるので、新しいこ

とを学ばなくなります。そのため、すでに変わっていたり、くつがえって便利になっていたりしても、それを認めることができないのです。

このような人は、まず、「自分はすでに知っているから学ばない」という姿勢を打ち砕く必要があります。唯一の戦略としては、「自分は意外と知識がないかもしれない。この人はほんとうにいろいろなことを勉強していて知っているんだな」と思い込ませてから、話を聞きたいと感じさせるしかありません。

仮に、遺伝子組み換えについて正しい情報を知ってほしければ、まず、食品や栄養の知識についていろいろと話します。それによって、相手が徐々に心を開いてから、遺伝子組み換えについての正しい情報を伝えると、まともに聞いてくれるようになります。「まだまだ課題はあると思うけれど、人間を対象にした実験だと、遺伝子操作系の作物って意外と安全という研究が出始めているんですよ、最近」などと言うと、「そうなんだ、それは知らなかった」と素直に認めるようになってくるはずです。

つまり、こういう人に対しては、自分のほうが知識をもっているということを見せればいいのです。ただ、知的に見せるためには、すごく勉強しなければなりません。

そこまでして面倒な人とつきあわなくてもいいと思いますが、じつは**頭がよさそうに**

見せるだけでも、結果は変わらないのです。知的に見えるかどうかには、知識量よりもしゃべり方が重要です。

自分のことを棚にあげる〝残念な相手〟への対処法

人のことを見下したり、自分のほうがすごいと見せたりして、マウンティングしてくる相手は、なかなかに面倒です。でも、そんな相手でも、脅威になりえないことがわかっていれば、無駄に苛立ったり、感情的になったりする必要はありません。

たとえば、小学校低学年くらいの子供に、「テストで100点とったから、私はあなたより頭がいい」というようなことを上から目線で言われて、マウンティングをされても、べつに腹は立ちません。大人と子供の実力差はわかっていますし、テストで100点をとることは、子供にとってはすごいことなので、「それはすごいね」「頭いいんだね。将来は何になりたいの」とほめてあげるでしょう。

これと同じで、相手が脅威にならないことがわかっていれば、冷静に対処することができます。つまり、面倒なことを言ってくる輩《やから》が、**脅威でもなく、残念な存在だという**

ことがわかれば、子供をあやすような感覚で接することができるのです。

子供と話すのはすごく参考になります。遊びながら、「YouTubeはどんなのを見るの？」などと聞くと、未来のことがわかるのです。なぜかといえば、子供たちの素直な感覚が徐々に成長していき、未来ができるからです。だから、私は、経済評論家やアナリストの予測を見たり、面倒な大人たちと話したりするよりも、子供と話すほうがずっと勉強になると思っています。

ところが、こんな子供たちと違い、やたらと上から目線で接してきたり、マウンティングしたりしてくる残念なやつらは基本的に勉強にはなりませんので、相手にせずスルーするのがいちばんです。攻撃して叩きつぶしてもいいとは思いますが、正直、それをしても手間なだけで何の価値もありません。

そんなわけで、相手が完全に下だということが理解できる三つのポイントを紹介します。

❶声が大きいマイノリティ

現実の世界でもネットでも、自分のことを棚にあげて文句を言ったり、上から目線で言ってきたりする人たちは、基本的には「声がでかいマイノリティ」である可能性が高いです。

たとえば、会議で、さも自分の意見が正しいかのように大きな声で主張します。まわりはいつものことと放置していますが、一人だけやたらと大きな声で主張するので、いつのまにかその人の意見が正しいかのような雰囲気になります。ただたんに声が大きいだけで、それが正しいかのような印象を与えてしまうということです。

ビジネスの世界ではサイコパスが成功するという話がありますが、これはサイコパスが能力が高いとか、リーダーシップに長けているというわけではなく、ただたんに声が大きくて目立つからです。目立つからみんなの注目を浴び、いつのまにかそこに権力が集中するのです。

でも、こうした人は他人の意見を聞きませんから、まわりから意見が集まってくるはずがなく、非常に独断的です。みんな、その人がうざいとわかっているわけですから、わざわざそんな人のところに意見を持ち寄る必要はないのです。

これはネット上でもまったく同じで、炎上やアンチにかかわる人はネットユーザー全体のわずか0・47パーセントだと言われています。つまり、数としてもごくわずかですし、存在意義としても誰から見ても不要なマイノリティにすぎません。

私の場合、何かで炎上したときには、自分の動画配信サービスの登録者数などを見て、支持してくれる人のデータをチェックします。そうすると、アンチが騒いでいたとしても、やはり自分の意見をちゃんと言ったほうが数字が伸びることがわかります。

逆に言うと（もちろんやりすぎは危険ですが）、**炎上するくらい人の心に刺さる言葉を発信しないと、支持を集めることはできない**ということです。**誰にも批判されない意見は魅力がない**ので、この「声がでかいだけのマイノリティ」というのを覚えておいて、自分に自信をもってください。知ってさえいれば、恐れる必要はありません。

❷ 責任逃れの一般論者

自分の発言が正しいと思うのであれば、その論拠を示したり、自分の主張を正々堂々と言ったりすればいいのに、彼らはつねに、

「それは常識的に考えてどうなの」

「社会人としてどうかなあ」

などとふわっと叩いてくるのです。

私の場合は、「影響力のある人間として問題ではないか」というようなことを言ってくる人がいます。そうした人に、

「あなたは自分の生き方や経験をふまえて、自分の考えとして私に問題があると言っているのか」

とたずねると、ほとんどの場合、

「そういう意味ではなく、一般論として……」

と言います。

つまり、彼らは、**自分では責任をとりたくない、自分の責任において発言はしたくないのです。**つねに常識や社会といったあやふやなものを持ち出して、逃げ道を用意している「責任逃れの一般論者」といえます。

だから、「データや統計ではこうなっている」「こういう結果によって私の言っていることが正しいと証明されている」などと反撃されると、「あくまでも一般論として言っただけだよ」とすこし引くわけです。

これはネット上でも同じで、批判的なコメントをしたり叩いたりする人は、自分の責任において発信しません。いつも常識やコンプライアンス、ルールなどのあやふやなも

のを盾にして発言します。もちろん、常識や社会のルールを持ち出してもかまいませんが、自分の意見がないかぎり、自分の身は安全なところに置きながら人を攻撃しているにすぎません。

こうした人が、みなさんのまわりにもいると思います。「それがあなたの判断ということでいいですか」と質問すると、そういう意味ではないと言って逃げる人たちです。

責任をとることから逃れようとしているだけなので、その時点で恐れる必要のない相手だといえます。一般論を持ち出したり、自分に責任が降りかからない状態で発言したりする人は、基本的には弱いので、「常識的には」といった言葉を使ってきたら気にする必要はありません。

「いい歳なんだから、そろそろ結婚したら」「孫の顔がそろそろ見たい」などと言ってくる親や親戚も同じです。一般的に見て、まわりの人がそうだからというだけで、それはあなたの人生とは何の関係もありません。こうした人に出会ったときには、この「責任逃れの一般論者」を思い出してください。

ただ、**怖いのは、自分が正しいという信念があり、根拠もあって立ち向かってくる人たち**です。この手の人は自分で精査して意見を言ってくるので注意が必要です。

3 仕事をしない現実逃避患者

人は現実と向き合うのがいちばんつらく、誰でも現実逃避したり、現実と向き合うことができなかったりするときがあると思います。将来に対する不安や心配で押しつぶされそうになることもありますが、それはきちんと自分の現在と向き合っているからです。

しかし、これが行きすぎると、現実逃避から自分のことを棚にあげ、他人に対してマウンティングを始めたりします。仕事をしていない自分や、自分の人生における改善と向き合うのをやめて、他人を批判し、偉そうな意見を言うだけの、自分では何もできない、ただの評論家になってしまうのです。他人を批判しようと思ったら、自分の胸に手を当てて、いや待てよ、自分もこういうことをするなと考えてみましょう。

私の場合、他人の遅刻に対してはきわめて寛容です。約束した相手が2時間遅れたとしても、ずっと本を読んでいるので何の文句も言いません。これは、私も時間を守るのが苦手でよく遅れてしまうからです。

自分と向き合うことができている人は、自分の弱さを理解できるので、相手のつらさ、しんどさも理解できるわけです。ところが、現実逃避している人たちは、それがわかりません。**自分のことを見ていないから、平気で自分のことを棚にあげて人に文句を言う**のです。

自分の弱い部分や残念な部分を棚にあげると、仕事もできなくなります。

仕事をするとき、普通は、自分には事務処理能力が足りないとか、計算能力が足りない、人脈交渉力が足りない、コミュニケーション能力が低い、外向性が必要だなどと、なにかしら感じるはずです。一生懸命、仕事に向き合う人ほど、自分には何が足りなくて、何が得意なのかということが見えています。

現実と向き合えば向き合うほどつらいこともあるでしょうが、そのなかに必ず発見があります。自分にないものや、自分にはないけれど相手にあるものが見えてくるので、何か批判をするとしても、自分を棚にあげて、ただ叩くような方法にはなりません。でも、これをやってしまうのが、自分のことを棚にあげている人たちの特徴なのです。

上から目線の、うざい相手が現れたときには、ここにあげた三つのポイントを思い出してください。イラっとするとは思いますが、追いつめられている感が少なくなり、平気で対処することができるようになります。

第3章

もう職場で病まない！悩まない！

あなたが上司から目の敵にされるほんとうのワケ

みなさんは、上司から不当な扱いを受けたり、目の敵《かたき》にされたりしたことはありますか。そうしたときに、ほとんどの人が、原因は上司の性格によるものだと考えがちです。でも実際はそうではなく、その上司と対峙《たいじ》しているときにみなさんがどんな印象を与えているかが、かなり影響しているのです。

まず、上司がどのような人間を嫌うのかを理解しましょう。そして、上司の嫌いなタイプに自分がならないように、アピールの方法をすこしだけ変えてみます。

たとえば、上司が嫌うタイプは、能力が高く、かつ冷たいタイプだとしましょう。そうすると、あまり愛想がよくなくて能力が高い人は、上司から見るとムカつくわけです。それより、あまり仕事ができなくても愛想がいい人のほうが好まれます。もちろん、能力が高くて愛想もいい人はいちばん好かれます。

あなたが有能で、評価されようと思って仕事をがんばっていても、冷たい人間だと思われると上司から目の敵にされる可能性が高くなります。

では、どうすればいいのでしょうか。多くの人は、上司に認めてもらおうと思うと、自分に能力があることを一生懸命示そうとします。でも、これはけっこう危ない行為です。というのも、気さくで人なつっこく、人間くさいという印象を与える前に有能さを示すと、能力は高いけれど冷たい人間だと思われてしまうからです。

そうなると、いくらがんばっても評価されず、上司からは目の敵にされます。誰でも当然、自分の働きは正しく評価されたいはずです。であれば、**有能さよりも先に、人間としての温かみを見せる必要がある**ということが研究により判明しています。

ところが、単純に温かみのある人間だということを印象づけてから有能さを示そうとしても、なかなかうまくいかないのです。じつは、**温かみのある人と有能で仕事がバリバリできる人というのは、印象として両立しない**ことがわかっています。

たとえば女性の場合、次のような謎のステレオタイプが存在します。

- 温かみのある女性＝仕事はできない
- 有能な女性＝温かみに欠ける

そのため、温かみをアピールすると、勝手に、仕事ができないという印象をもたれてしまうのです。このような相反するステレオタイプはいろいろとあり、これを理解しておかないとかなり損をします。

これは、もともと人間がもっている「補償効果」というバイアスによるものです。たとえば、実際にはまったく関係がないのに、子供がいる女性はいない女性にくらべて、温かみは感じるけれども有能さに欠けると判断されやすくなります。ところが、子供がいる男性は温かみがあると思われるうえに、なぜか有能だという印象をもたれやすいのです。

仕事においては、有能さは当然、大事ですが、温かみがなぜ必要なのかを考えてみましょう。みなさん、無能で冷たい人よりも、有能で冷たい人のほうが怖いと感じませんか。敵として考えると、頭の悪い敵のことはなんとも思いませんが、頭のいい敵はとても恐ろしいわけです。

つまり、人として信用できる存在であるというアピールをきちんとしないと、有能であればあるほど怖い敵になります。そのため、冷たい有能な人と思われると、上司から目の敵にされるのです。

ですから、**温かみは、あなたの敵ではないですよ、あなたに危害を加えませんよ、という安心感を与えるために必要**だということです。有能さとセットにして安心感を与えることが大切なのです。

心理学者のポール・ロジン氏が、有能さと温かみは両立しないけれど、温かみのかわりに相手に安心感を与えられる要素は何かを調べたところ、それは道徳的な行動であることがわかりました。つまり、他人に害をなしたり悪いことをしたりするような人ではなく、**道徳的に正しいことをする人だと思わせるべき**だということです。この印象は有能さと両立します。

たとえば、ただたんにやさしいだけの政治家はリーダーシップに欠けるという印象をもたれますが、正義感に燃え、道徳的に正しい行動をしている人は、有能であればあるほど支持されるはずです。

ですから、温かみのある人というよりは道徳的な行動をしていることを印象づけ、相手から道徳的に正しい人間だと思われるようにしてください。自分を理由もなく攻撃してこないと思われるようになれば、あなたの有能さとバッティングすることはありません。

ボランティア活動や寄付をしたり、世の中や人のために活動したりしていることが自然とまわりに伝わるようにするとか、同僚と一緒に外出したときに道に迷っている人がいたら親切に話しかけるなど、道徳的な行動を心がけるようにしてください。

上司にごまをするのではなく、道徳的な行動をとればいいということです。それにより、人として信用できるという印象をもたれたうえで有能さも一緒に理解されれば、上司から正しい評価を得られるようになります。

他人に親切にするのは、とても重要です。**仕事が忙しい人ほど、他人に親切にしましょう。そのほうが実際に仕事がはかどる**ことがわかっています。

誰でも、時間がないという焦りを感じると、仕事が進まなくなります。時間がないという焦りのせいで、実際には時間があったはずなのに、あっという間に時間がなくなったという経験をしたことがあると思います。結局、**人は焦りを感じると作業効率が落ち、終わるはずだった仕事も終わらなくなる**ということになります。

時間に対する焦りを消すためには、他人への親切が大事です。不思議なもので、自分の仕事をこなす時間がなくてパニックになっているようなときに、あえて**他人に親切に**

すると、脳が冷静になり、意外と時間はあるじゃないかと錯覚します。時間に対する焦りがなくなり、仕事がはかどって時間が余るということも起こるのです。

つまり、職場で親切な行動を心がけると、上司から正しく評価されることにもなり、仕事の効率を高めて自分の時間を確保することにもなるわけです。ぜひ、親切な行動を心がけてください。

ちなみに、人は相手が、「自分は温かみがある人間だよ」とか「感情的にいい人なんだよ」とアピールしようとしているのか、それとも、有能さをアピールしようとしているのかを、しゃべり方だけで見抜けます。これを理解しておくと、相手をほめたりするときや、どのようなつきあい方をすればいいのかを考えるときに役に立ちます。

たとえば、人間的で温かい人だということをアピールしたい人、そうした感情的な部分を認めてほしいと思っている人は、他人をほめることで相手に話をさせようとします。自分のことを温かい人だと思ってほしいので、人をほめて相手から話を引き出そうとするわけです。

このタイプの人は、過去の行動を評価されたり、まわりの人からいいところをほめられたりすると、とても満足します。

一方、有能な人間だということをアピールしたい人は、他人の話を聞くよりも自分の話をしようとします。自分が成し遂げたことや自分の能力、知識の深さを示そうとして、一生懸命話したり、他人の意見に異議を唱えたりするようになります。こうした人は、その着眼点や有能さをほめると、とても満足するわけです。

いちおう言っておくと、**ほんとうに有能な人は**こうした行動はとりません。温かみや信頼感を印象づけたほうが自分にとってプラスになることを理解しているので、**相手をほめたり、相手の話を聞き出そうとしたりする**のです。

こうしたことを理解したうえで、上司に接するといいのではないでしょうか。上司が、有能だと思われたい人にありがちな行動をとっていたら、「さすがです」とおだてれば、コントロールしやすくなると思います。

知らないうちにメンタルが壊れていく働き方とは

わざとストレスをかけてくるようなコミュニケーションをとる人がいます。わざわざ嫌味なことを言ったり、一生懸命仕事をしているのに邪魔するようなことを言ってきたり、やたらと上から目線で接してきたり……。

こうした人たちからストレスを受けてうつになりやすい人は、どんな行動をしているのでしょうか。オーストラリアのタスマニア大学で、私たちが仕事中にやりがちな、メンタルヘルスによくない行動について調べた研究があります。

メンタルを病みやすくなる仕事中の行動、それは「座る」という行為です。もともと、座り仕事による危険性についてはさまざまな研究者が取り上げていて、たとえば、座っている時間が長くなればなるほど、糖尿病や心臓病、肥満になる確率が高くなることがわかっています。また、死亡率がかなり上がるとされています。

ですから、健康のために、1時間に1回程度は5分間以上の散歩などを心がけたほうがよいのです。私の場合は、ステッパーを踏みながらスタンディングデスクで仕事をしていますが、どうしても座って仕事をしないといけない人は、サイクルマシンなどを足元に置くといいでしょう。

じつは、座りすぎは体だけでなく、メンタルにもよくありません。タスマニア大学の研究では、3367人のオフィスワーカーに協力してもらい、4週間分の活動記録を集めました。結果として、ふだん運動している時間やレジャーに使っている時間、仕事に対する満足度や職場での人間関係といった要素を省いたとしても、椅子に座る時間が長くなればなるほど、メンタルが悪化する傾向が確認されました。

具体的には、**うつ病や不安神経症に近い症状は、1日の座る時間が3時間を超えると表れはじめ、6時間を超えるとメンタルを病む**ということです。逆に、座って仕事をする必要がある人でも、座っている時間が合計で1日に3時間を切っていれば、メンタルに影響しにくいことがわかっています。

ちなみに、男性よりも女性のほうが、座り仕事が長くなったときのデメリットが大きく、男性より座っている時間が短くてもメンタルが落ち込みやすくなります。

座り仕事による身体的なデメリットは、運動によって防げることが過去の研究でわかっていますが、うつ病や不安神経症に関しては、日常の運動習慣は関係ありませんでした。毎日、定期的に運動をしたり、レジャーの時間をしっかり確保したりしていても、座り仕事の時間が3時間を超えたあたりから症状が表れはじめ、6時間を超えるとメンタルを病みやすくなります。

つまり、メンタルにとっては、座っている時間が長いだけで悪影響が出るということです。まず、自分がどれくらい座り仕事をしているのかを把握し、6時間を超えている場合は、こまめに立ち上がって散歩するなど、座る時間を減らす工夫をしましょう。

いまの職場を4週間で働きやすく変える方法

職場がどうにも働きづらい、という人はけっこういると思います。環境が悪い、待遇が悪い、面倒な上司がいる、なじめない……。こうして転職をする人もいますが、転職先もまた働きづらいことが続く場合には、自分にも問題があるのかもしれません。

そうはいっても、自分の性格を変えるにはどうすればいいかわからないし、どうすれば職場になじめるのかわからない人もいるでしょう。

働きにくい職場を、心理学的に働きやすい職場に変える方法があります。といって、べつに組織構造を変える必要はありません。みなさんがある特定の行動をとるだけで変えられることがわかっているのです。とても簡単な方法ですから、ぜひ実践してみてください。

それは、**「嫌な同僚にも親切にしまくろう！」**ということです。

最近、親切に関する研究が増えていて、たとえば、相手が誰であれ親切にすると、ホルモンのバランスが整う、幸福感の向上につながる、不眠症が改善される、時間に対する焦りがなくなるなど、メンタルにとてもいい効果が出ることがわかっています。つまり、**親切は自分のためにする**のです。

ただ、研究の多くはラボのなかで行なわれていたため、実際に組織のなかで効果があるのかということが指摘されていました。カリフォルニア大学の研究で、コカ・コーラの社員を対象にして行なった実験があります。

具体的には、研究の内容や目的についてあまり伝えず、週に1回のペースで特定の記録をとってもらいました。いまどんな感情をもっているか、幸せか、楽しいか、イライラしているか、その週にいいことや悪いことがあったかなど、ポジティブな体験とネガティブな体験を聞くわけです。さらに、仕事に対する満足度を聞きました。

これを4週間続けたのですが、その間、対象の従業員をひそかに半分ずつに分け、半分の従業員には同僚に対して意識的に親切にしてもらうようお願いしました。残りの半分の従業員には、何も言わずに普通に過ごしてもらいました。

ちなみに、このときの親切というのは、負担を感じるレベルのものではなく、たとえば、飲み物を買いにいくときに隣の人の分も一緒に買ってくるとか、「このあいだはありがとう」など、お礼の言葉を言ったりメールをしたりするという程度のものです。

その結果、親切にした側も親切にされた側も、「オートノミー」がアップしていました。これは簡単に言うと、自分は仕事ができるという、仕事に対する自信のようなものです。さらに、親切にした側は、人生と仕事への満足度が上がり、メンタルが落ち込む頻度が下がっていました。

つまり、**親切にする相手が自分の好きな人でも嫌いな人でも、自分自身が得られるメリットは変わらなかった**のです。親切にすることで仕事に自信がつき、人生や仕事への満足度が上がり、気分が落ち込みづらくなるのですから、じつは親切はとても自分のためになるといえます。だから、負担にならない程度の親切をすることがすごく大事なのです。

この研究ではほかにも、他人から親切にされた人は、その後、ほかの人に親切にする可能性が3倍も高くなったことがわかっています。これは、その人が自分にとっていい人だろうが悪い人だろうが、性格がよかろうが悪かろうが、変わりません。**親切は伝染する**のです。最初に親切にした人は、された人よりも大きな心理的なメリットがあるから、「親切は人のためならず」なのです。

さらに、組織を変えることにもつながります。まわりが親切にしてくれないとか、環境が悪いという前に、まわりの負担にならないレベルの親切をしてみてはいかがでしょうか。

ただ、まちがえないでほしいのは、**親切は自分でコントロールするもの**ですから、誰かに頼まれても、嫌なときは断ることも必要です。まずは「NO」と言う力を身につけることがすごく重要です。

親切をするときは、自分の負担にならないレベルで行なってください。他人にコントロールされた親切は義務感になるため、自分のメンタルにとってプラスにはならず、負担にしかなりません。

職場のトラブルの9割は「好奇心」で解決できる

仕事に関する悩みやストレスのほとんどは人間関係に関するものだといえます。2018年のハーバードビジネススクールのフランチェスカ・ジーノ博士の研究により、ある能力を一つ鍛えるだけで、人間関係やコミュニケーションに関する問題を解決しやすくなることがわかりました。

ちなみに、この能力はコミュニケーションに関するものではありません。ですから、しゃべるのが苦手だ、お世辞を言うのは得意ではない、飲み会に参加したいと思わない、というような人でもけっこう使えます。

フランチェスカ・ジーノ博士が調べた能力とは、「好奇心」です。ちなみに好奇心は、私がいちばん大事にしている価値観の一つでもあります。

好奇心は私たちが人生を戦い抜くために必要な力の一つで、**好奇心を鍛えれば鍛えるほどいろいろな能力を身につけることができます**。そんな好奇心がもたらしてくれるメリットのなかでも、とくに人間関係で役に立つ力を紹介しましょう。

❶ 判断ミスが減る

研究によれば、人間は好奇心が高まっているときは、思い込みの影響を受けにくくなることがわかっています。好奇心を発揮しているときは、いろいろな角度から物事を見ようとするので思い込みの影響を受けづらくなり、判断ミスが減ります。

人間関係においても、思い込みによる問題が多く、「あの人はこういう人だから」とか、「こんな人はどうせ○○だから」と考えがちですが、**好奇心が強い人は毎回違う目線で考えます**。ですから、思い込みに左右されにくくなり、**コミュニケーションでの失敗も少なくなる**のです。

❷ イノベーションの確率が高まる

好奇心を鍛えていると、トラブルが起こったとき、そのトラブルを前向きに解決していこうとする能力が高まるので、意外な発見にたどり着いたり、新しい解決策を生み出したりできるようになります。

好奇心が問題を突破する能力を高めてくれるので、自信がつき、自分の意見をはっきり言うことができるようになります。それだけでなく、相手の意見に無駄に我慢して、ストレスを抱えることもなくなります。

この研究で、およそ200人に対して4週間にわたり行なった実験では、参加者たちを二つのグループに分けました。片方のグループには毎日、好奇心をかき立てるようなメッセージを送り、もう片方のグループには、とくに好奇心をかき立てるわけでもない事務的なメッセージを送ったのです。

すると、ただのテキストメッセージにもかかわらず、好奇心をかき立てるようなメッセージを送られたグループの人たちは、実際の日常生活で好奇心を発揮するようになり、その結果、問題を解決する能力が高まっていくことがわかりました。

仕事でいろいろな問題を抱えている人は、仕事のことを考えるのも嫌だというかもしれませんが、最初だけでいいので、がんばって好奇心を発揮してみてください。問題がスムーズに解決していくことが実感できます。

問題は、解決すればとても楽しくなります。たとえば、掃除をする前には面倒に感じていても、いざ掃除を始めて部屋がきれいになっていくと、いつのまにかモチベーションが高まり、気がついたら、ほかの部屋や掃除する必要がないところまで掃除していることがあります。

これと同じようなことが仕事で発揮されたら、大きな成果につながると思います。**問題解決能力が高まり、新しい解決方法を見出すことができ、イノベーションが生まれる可能性も高くなります。**

仕事だけでなく、ふだんの生活や人生においてもイノベーションが起こると、ずっと抱えたままになっている問題や、自分では解決することができないと思っていた問題を解決できるかもしれません。

たとえば、自分はコミュニケーションが苦手だとか、彼・彼女いない歴が何年という人も、好奇心を鍛えることで新しい角度から物事を見ることができるようになり、自分の新しい可能性に気づけるはずです。そういう意味で、なにかしらの問題にぶつかっている人は、好奇心を鍛えるべきだと科学的にいえるわけです。

③ 社内の対立が減る！

好奇心を鍛えると、社内での対立が減ることも、研究により判明しています。ビジネスの場で、自分の立場だけでなく、お客やほかの人たちがどのように考えるのかということにまで考えがおよぶようになるといいます。

やたらと好奇心にあふれて、子供のようにいつも「なんで、なんで？」と質問してくる人がいたとしたら、普通に考えるとうっとうしい感じがしますね。ところが、実際には、好奇心をもっている人のほうが、他人の立場で物事を推定しやすくなるのです。

好奇心が、他人の立場で考える能力を高めてくれるので、自分のスタンスだけにとらわれることがなくなります。**相手の考え方も理解でき、無駄なトラブルや社内の対立も減って、結果的にラクに仕事をすることができるようになる**と考えられています。

好奇心は、相手の心理状態を推定するうえでも大事なものですから、交渉などもうまくなるといえるのではないでしょうか。

④ コミュニケーションがスムーズになる！

好奇心が強い人のほうが、コミュニケーションがスムーズになることもわかっています。相手の立場に立てるだけでなく、情報共有の可能性が高いといわれているのです。

フランチェスカ・ジーノ博士の研究では、組織やチームのトップに立つ人たちを育成するリーダーシッププログラムがあり、一部のグループの人たちに好奇心を鍛えるためのトレーニングを行ないました。その結果、**好奇心を鍛えられた人たちは、そうでない人たちにくらべて、情報共有をするようになっていた**ということです。

べつに意識しているわけではないのに、自分の考えていることや新しい情報を組織やチームで積極的に共有するようになり、その結果、組織やチーム自体のパフォーマンスが高まっていたのです。まわりの人たちの意見をきちんと聞き、まわりの人たちもそれに触発されて、ほかの人の意見を聞くようになったそうです。

ですから、職場に、ほかの人の意見を聞いてくれない人や、自分の意見ばかりを通そうとする人がいる場合、みなさんがそれなりに好奇心を発揮すると、その人たちも触発されてほかの人の話を聞くようになる可能性があります。コミュニケーションをスムーズにし、人間関係の面倒さをなくすという意味でも、好奇心はとても重要なものだといえるのです。

では、好奇心がなくなると、どうなるのでしょうか。この四つのメリットが全部、逆になると考えてください。

思い込みに支配され、トラブルから目を背《そむ》けることで、トラブルはよけいに大きくなっていきます。自分のことしか考えない人たちばかりの集まりになり、他人の意見を聞かない状況になります。

そんな会社で働いているという人は、自分が好奇心を発揮するようになれば、状況は確実によくなります。また、もしまわりが変わらなくても、好奇心が強い人は出世しやすく、能力も高いので、転職を考えるという選択肢も生まれます。

職場の人間関係のミスを減らす味方のつくり方

職場の人間関係でミスをしない方法として、職場に味方をつくるのはすごく大事です。逆に言うと、あまり味方になりそうもない人とか、脈がない人とは会うのをやめることが大事なのですが、実際に、脈ありか、脈なしかをどうやって見極めるのかを最初にお話ししましょう。

脈あり、脈なしを見極める方法は、基本的には3回と覚えてください。「スリーセット理論」というのがあって、3回相手と会話をする、3回ご飯に行く、3回仲よくなろうという試みをしてダメだったら、「脈なし」とあきらめて、次の人との関係を構築したほうがいいということです。なぜかというと、3回会えば、だいたいその人のイメージは固定されるからです。

また、新規のクライアントとのビジネスでミスをしたときに、自分のダメな印象をくつがえそうとがんばる人がいますが、相手がよほど大事な人であるとか、自分の出世や人間関係において絶対に必要な人というのでなければ、あきらめたほうがいいと心理学者は指摘しています。

京都大学の研究で、一度ついた悪いイメージをくつがえす労力と、新しい人を開拓して仲よくなる労力の、どちらが報われやすいかを調べたところ、**新しい関係を開拓するほうが労力的にもコスパ的にもいい**ことがわかっています。

もちろん、人から嫌われてしまったとか、「やっちまった」と思ったときには、きちんとあやまりましょう。そのうえで、新しい人間関係を開拓するのがポイントです。でないと、敵を増やすだけで終わってしまうので危険です。

あとは、「自分はこういう人間です」と自己開示をし、プライベートな話をすればするほど、自己開示の返報性《へんぽうせい》（お返しをしたいという心理）が働くので、相手も話をしてくれるようになり、人間関係は深まっていきます。ただ、この自己開示がうまくできないと、表面上の関係になったり、いざというときに味方になってくれないということが起こったりします。

仲よくなりたければ、二人だけで会いましょう。なぜかというと、二人のほうが自己開示がしやすいことが研究でわかっているからです。仲よくなりたいと思う人とは、昼食を一緒に食べるとか、営業に行くときについていってみるなど、二人きりで会うチャンスをつくるようにするのです。

仕事の人間関係に疲れてしまう真の理由は罪悪感

基本的に、人間関係というのはいいものです。友達などとのいい関係は寿命を延ばし、モチベーションを上げ、成功に近づけてくれ、トラブルが発生するリスクも減るなど、私たちにとってメリットしかありません。

でも、職場や仕事上の人間関係に疲れるという人がけっこういます。この違いはどこからくるのでしょうか。その正体は、罪悪感です。

カナダのトロント大学で３０６人を対象に実験を行なった結果、仕事のために人脈とか人間関係をつくっていくことでメンタルを病む可能性があることが示唆されました。

実験では、参加者のあるグループに、いい仕事をもらうためにとか、お金になりそうといった下心をもって人脈づくりをイメージしてもらいました。すると、**下心丸出しの人脈づくりをイメージしたグループは、そうでないグループにくらべて2倍も強く罪悪感をもった**のです。

具体的に言うと、自分がズルをしているような感覚、汚いことをしているような感覚、自分を薄汚れた嫌な人間だと思う感覚が2倍に跳ね上がったのです。要するに、罪悪感が上がったということです。

罪悪感を感じると、ほとんどの人がストレスを感じます。仕事のつながりだけで関係をつくろうとか、お金の関係だけでこの人とつきあおうと思うと、嫌な気分になるのです。これは、普通の人にはモラルがあるからです。そのモラルが罪悪感を感じると、人間関係が面倒くさくなります。

新しい人間関係をつくろうとしても、罪悪感が刷り込まれているので嫌な気分になり、臆病になります。やがて、人脈を失い、プレッシャーやストレスによって仕事のパフォーマンスまで落ちることが示唆されています。つまり、下心がある状態で他人とつきあおうとすると、メンタルにダメージがたまって仕事のパフォーマンスが落ちることになります。

とはいえ、人脈づくりは基本的には有効です。同じ研究には、165人の弁護士に関するデータもあるのですが、積極的に人脈づくりをする人のほうが金持ちになるし、収入が上がって偉くなった弁護士ほど罪悪感を覚えることが少ないという結果が示されています。

罪悪感を覚えない関係でつきあえる人脈は、どんどん広げたほうがいいでしょう。あるいは、若干サイコパス性があって、下心ありの人脈をつくっても罪悪感を感じないのであれば、大きく稼ぐチャンスがあるかもしれません。

でも、ここで罪悪感を感じてしまう人は、疲れない人間関係、ストレートに物を言えるような人脈づくりをめざしましょう。

私のおすすめは、利害がゼロの関係です。この人とつきあっても仕事をもらうことはないというスタンスなら、基本的にはフェアな関係ができますので、意識してみるといいと思います。あとは、お互いにメリットがある関係をつくるのもいいと思います。いずれにしても、罪悪感を感じる人間関係はやめたほうがいいのです。

上司から2倍もパワハラ・モラハラされる人の特徴

誰でも面倒なことは避けて、ラクに生きたいと思うはずですし、上司にパワーハラスメント（パワハラ）やモラルハラスメント（モラハラ）はされたくないですね。

じつは、上司からパワハラやモラハラをされやすい行動は科学的に判明しています。まずはこれをやめるだけで、その確率がかなり下がります。２０１８年に、カナダのブリティッシュコロンビア大学が、上司と部下の関係性について研究したものです。

この研究では、上司のプライドのレベルと、部下に対して嫉妬を感じたことがあるか、上司から虐待（パワハラやモラハラ）を受けたことがあるかなどを調べました。ここでいう虐待とは、怒鳴りつける、罵倒する、仲間はずれにするなどのネガティブな手段で部下をコントロールすることです。

普通に考えると、自分より仕事ができる能力の高い部下に嫉妬した場合などに、パワハラやモラハラが起こりそうな気がします。ところが実際には、**上司の嫉妬は、必ずしもパワハラやモラハラに相関しない**ことがわかったのです。むしろ、嫉妬の感情を抱いた上司は、自分を鼓舞してスキルを向上させるケースが多かったということです。つまり、上司の嫉妬心はネガティブなものではなかったわけです。

ただ、嫉妬の感情にある条件が結びつくと、きわめて高い確率でパワハラやモラハラが起こることがわかっています。具体的には、パワハラやモラハラなどの虐待的な行動をとる確率が2倍に増えます。どんな条件かというと、この章の冒頭で取り上げたように、上司から見たときに部下が有能なうえに愛想がなく、冷淡な場合です。

ですから、上司からパワハラやモラハラを受けないようにするためには、嫉妬に関してはどうしようもないので、上司に協力的な姿勢をとるとか、愛想よくふるまうようにすることです。たとえば、上司の武勇伝を覚えておき、「あれを参考にしたおかげで成功できました！　お祝いに1杯おごってください」というような感じで、かわいげのある部下を演出してみるといいと思います。

愛嬌を振りまくのは面倒だと思う人もいるでしょうが、組織のなかにいるかぎりは上司よりも上の立場になるか、それとも愛想よくしてパワハラやモラハラを防ぐ以外には手立てがありません。私も人に愛嬌を振りまくことが苦手なタイプでしたから、会社に所属することは避けました。

愛嬌を振りまくのが嫌なら、自分で独立するしかないのです。

嫌味や皮肉はアイデアをもたらす糧と考えよう

嫌味なひと言が多かったり、やたらと皮肉ばかり言ったりする人が、みなさんのまわりにいませんか。じつは、嫌味や皮肉を言ってくる人は、みなさんの脳のある機能を高めてくれるということが研究によりわかっています。

その機能とは、「創造力」です。**嫌味や皮肉を言われることによって、新しいことを思いついたり、いいアイデアを考えるためのクリエイティビティが高まったりするの**です。しかも、皮肉を言う側よりも、言われている側のほうが高まります。

ハーバード大学の研究では、300人の参加者を集め、三つのグループに分けて実験を行ないました。

一つ目は、普通に会話をしてもらったグループ。「今日は天気がいいですね」というような普通の会話です。

二つ目は、嫌味や皮肉が入った会話をしてもらったグループ。たとえば、髪型を変えた人に、「あれ、今日の髪型、ベートーベンが滑ったみたいだね」など、相手をディスるような会話です。

三つ目は、非常にポジティブな会話をしてもらったグループ。「今日はいちだんとさえてるね」「今日は気合が入ってるね」というような会話です。

これにより、脳の機能がどのように変わるのか、具体的にはクリエイティブなことを思いついたり新しいアイデアを考えたりする能力がどのように変わるのかを調べるテストを行ないました。

その結果、ただ普通に会話をしたグループとポジティブな会話をしたグループは、30パーセントの確率でしかいいアイデアを思いつきませんでしたが、嫌味や皮肉を言った側の人は67パーセントもいいアイデアを思いついたそうです。へたな会話をするくらいなら、嫌味や皮肉を言ったほうがいいアイデアを思いつきやすくなるのです。

さらに、嫌味や皮肉を言われた側の人は、なんと75パーセントの確率でいいアイデアを思いついていました。つまり、嫌味や皮肉を言う人は、みなさんの創造性をかなり高めてくれるのです。**嫌味や皮肉を言われたら、ラッキーと思ったほうがいい**ですね。

なぜ、こんなことが起こるかというと、嫌味や皮肉を言う側も言われる側も、頭のよさが必要なのです。嫌味を言う側は、わざわざ頭を使ってそれを言い換えているわけです。そして、言われた側は、相手の意図を理解するために、言う側よりも脳を使っています。ですから、嫌味や皮肉を言われることが脳トレになって、クリエイティブなことを思いつきやすくなるのです。

嫌味や皮肉を言ってくる人は、考え方によっては、いいアイデアを生み出すための糧《かて》になってくれる人です。嫌味や皮肉に対して、イライラしているだけではもったいないので、自分の糧にすることを意識してください。

嫌なタイプをモデルにすれば目標達成率がアップする⁉

目標に向けてがんばろうとするときに、尊敬できる人やメンターをモデルにすることがよくあると思います。たとえば、「今年こそは英語をしゃべれるようになるぞ」と思ったときには、流暢《りゅうちょう》に英語を話す人を想像します。あるいは、やせたいと思ったときには、腹筋が割れている人などを想像しますね。

じつは、目標によっては、ネガティブなイメージの人を選んだり、イメージする人への軽蔑の感情を活かし、嫌な人を目標達成のために利用したりするほうが効果が上がるという興味深い研究があります。これを「尊敬と軽蔑のロールモデル」といいますが、この方法を使って、みなさんが粘り強く物事に挑戦し、目標達成能力を上げるためにどうすればいいかを紹介しましょう。

フランスのリュミエール・リヨン第2大学の研究がベースですが、私たちの目標には2種類あり、その目標によっては自分が意識すべき人、つまりロールモデルが変わってくるということがわかっています。

「ロール」という言葉には「役割」といった意味があり、普通は自分がやせたいと思っているときにはやせている人を、社会的に成功したいと思っているときには成功者を想像すると思います。このように、**自分がお手本にしたい人を想像するだけで、私たちの能力は高まる**というのが「ロールモデル理論」です。

当然、このロールモデルには、自分が尊敬するメンターやキャラクターなどを使います。でも、この研究では、どうやら目標によっては自分がまったく尊敬できないどころか、軽蔑する人、つまり、「こんな人間になったら終わりだ」と思っているような人を想像したほうがゴールの達成率が上がるとされています。**自分のまわりにいて、いちいち**

イラッとさせられる人、身のまわりの嫌な人間関係を目標達成に使えるのです。

では、ネガティブなロールモデルをどのように使うのでしょうか。その説明に入る前に、目標には、「獲得ゴール」と「予防ゴール」の二つがあるというお話をしておきましょう。

❶獲得ゴール

自分が何かを手に入れたいという目標です。能力やお金、新しいスキル、人気、地位など、**何かを手に入れたいと思う場合は、ポジティブなロールモデルが有効**です。

たとえば、今年こそ割れた腹筋を手に入れてビーチに行くという目標を立てたら、割れた腹筋をしている人を想像してください。おすすめは、割れた腹筋になるまでにどれだけ苦労したかを知っている人がいいでしょう。太って体型が崩れていたお父さんが、娘のために厳しいトレーニングをした結果、割れた腹筋を手に入れたというストーリーがあれば、そんな人をロールモデルにしたほうが効果的です。もちろん、身近にそういう人がいない場合には、映画のキャラクターなどでもいいと思います。

❷ 予防ゴール

これは、**何かを避ける、何かをやめる、何かをしないといったゴールで、この場合にはネガティブなロールモデルが有効**です。自分が軽蔑している人やキャラクターを使うと効果が高いことがわかっています。たとえば、タバコをやめたいと思ったとします。目標が「禁煙して健康的な体になる」ということなら、達成ゴールですから、ポジティブなロールモデル、つまりがんばって達成した人を想定してもよさそうです。

でも、ほとんどの人がとりあえず禁煙しようというところから始まるので、禁煙できた人を想像するよりも、タバコを吸いまくり、体を壊し、人間関係まで壊れてどん底の人生に落ちていった人をロールモデルにしたほうが、達成率が上がります。自分のゴールによって、ロールモデルは変えたほうがいいのです。

では、ロールモデルの使い方を説明していきましょう。

ⓐ ゴール設定を決める

今年中に達成したいと思うことを10個くらい書き出して、1番、2番……と順番に並べていきます。そして、3番目までをピックアップし、あとはいったん忘れます。

その三つのなかで、1番目の目標をメインに取り組み、残りの二つはサブの目標にします。メインの目標が何らかの原因で停滞したときなどに、ほかの目標もあったほうが精神衛生上はいいので、残りの二つもふだんから見えるようにしておくといいでしょう。

この三つが終わったら、残りの七つのなかから新しい目標をピックアップして更新していきます。

(b) ゴールの種類を決める

ここで、獲得ゴールなのか、予防ゴールなのかを決めます。もうお気づきの人もいると思いますが、これはどちらにもできるのです。

たとえば、割れた腹筋を手に入れるためにトレーニングにはげむのであれば獲得ゴールですし、お酒をやめるのであれば予防ゴールです。自分のなかで、どちらがしっくりくるかを考えて決めてください。

(c) 尊敬と軽蔑のロールモデル

獲得ゴールか予防ゴールかを決めたら、最後は「尊敬と軽蔑のロールモデル」です。映画やドラマのキャラクターでも、自分のまわりの友人や先輩でもいいので、ロールモデルを選びます。

ロールモデルを決めたら、それを具体化するために四つの質問に答えてください。

質問①——ロールモデルのチェック

「そのロールモデルは、自分のめざしているゴールにほんとうに適していますか？」

ゴールに沿った人物を選んでいるかをチェックしましょう。

質問②——理由をチェック

「そのロールモデルが最適だと考えた理由は何ですか？」

このロールモデルが目標達成にいちばん効果があるという自信をもつために、そのロールモデルを選んだ理由を自分に問いかけてください。

質問③——学べることをチェック

「自分が達成したいゴールに対して、そのロールモデルから学べることは何ですか？」

自分がロールモデルにしようとした人の経験から、何が学べるかを考えてください。**歴史上の偉人や、アニメ・漫画のキャラクターなどの名言をピックアップしてくるのもいい**と思います。もちろん、身近な人でもかまいません。

彼・彼女らの経験や成功ストーリーから何が学べるのかを考え、三つから五つくらい書き出します。名言によりマインドセットを変えるという研究実験もあるくらいですので、名言はけっこう使えます。

質問④——応援や支援を想像

「ロールモデルが自分を見守ってくれているとしたら、何を言ってくれるでしょうか?」

もし、そのロールモデルが自分のゴールを応援し見守ってくれているとしたら、何を言ってくれるだろうかを想像してください。

自分の目標達成のためにどんな声をかけてくれるだろうか、自分がくじけそうなときには何と言ってはげましてくれるだろうか、というようなことを考えてみるのです。ここまで想像すると、ロールモデルとしてかなり定着してきます。

私はさらに、「心理対比」というものを加えて目標達成率を高めています。ロールモデルと心理対比の組み合わせは非常に強力ですので、心理対比の説明をしておきましょう。

❶達成したい目標のいちばんのメリットを決める

心理対比はとても簡単で、自分が達成したい目標を決めたら、まずはその達成したい目標のメリットを思いつくかぎり書き出します。

たとえば、「英語を話せるようになる」ことが目標であれば、英語の本が読める、海外旅行が楽しくなる、海外の異性と仲よくなれるなど、そのメリットを書き出し、いちばん大きいメリットをピックアップします。

❷目標を達成できない最悪の状況を想定する

次は、目標を達成できない障害やトラブルとして、どんなことが起こりうるかを、思いつくかぎり書き出します。そして、そのなかで、自分にとっていちばんダメージが大きいだろうと思われるものをピックアップします。

たとえば、挫折したら大切な人に笑われるのではないかとか、すでに海外でビジネスができる算段がついているのに英語ができないとすべての話がなくなるのではないか、給料が下がるんじゃないかなど、どんなものでもけっこうです。

❸ メリットとデメリットを対比する

❶で決めたいちばんのメリットと、❷で決めたいちばんのデメリットを対比させ、落差をつけます。**落差を明確にすることによって、人間はやる気が出てモチベーションが上がり、達成確率が上がる**というのが心理対比というテクニックです。

ちなみに、心理対比については、さまざまな研究によってその効果が確認されていて、たとえば、学校での成績が上がる、自分をコントロールする能力が高まる、食生活が健康的になってやせる、といった結果が出ています。

この心理対比のテクニックを、先ほどのロールモデルと組み合わせるのです。たとえば、「英語を話せるようになる」という目標であれば、心理対比できるロールモデルを二つつくります。

目標を達成したときのいちばんのメリットとなるロールモデルとしては、忙しいのに勉強しながらハリウッド映画にも出たような人です。逆に、目標を達成できなかったときのいちばんのデメリットになるロールモデルとしては、海外で活躍する夢を追いかけてきたものの、その夢が破れて悶々《もんもん》としながら過ごしている人を想像して、対比をつくる感じです。

お金を稼げるようになりたいというのであれば、お金を稼いで悠々自適な暮らしをしているロールモデルと、お金がなくて苦しんでいるロールモデルをつくればいいし、やせたいという目標であれば、スタイル抜群のロールモデルと、リバウンドでだらしない体型になっているロールモデルをつくればいいのです。

このように、ロールモデルを自分のなかで二つつくり、心理対比の効果も使うことで、さらに達成率が上がると思います。

第一印象は体型でコントロールできる！

自分の第一印象がどんなものか、気になる人が多いのではないでしょうか。あるいは、自分のどこが見られているのか、ちょっと変ではないかなど、いろいろ気になる場合があると思います。

心理学的に見て、自分のどの部分をまわりの人たちが見ているのか、そして、それをコントロールすることにより、第一印象や、まわりから見たときの性格を変えられるのではないかということまでを、研究をもとに紹介したいと思います。

自分の印象を自分の思いどおりに操るために、知っておくべきポイントは三つあります。

❶ 人は思い込みで他人の性格を決めつける

ほとんどの人が、他人の性格を思い込みで決めつけています。ですから、自分自身の性格についてかなりわかりやすくアピールしないかぎり、まわりは勝手に人の性格を押しつけてきます。

私の場合、明るい性格だと決めつけてくる人もいれば、冷たい人間だ、頭がよさそうだと決めつけてくる人もいます。**実際の性格がどうかはほとんど関係なく、人は他人の性格を決めつけて判断している**ということです。

❷ 相手の体型から性格を決めつけている

では、どこでその性格を決めつけるのでしょうか。多くの人は、顔の影響もあるけれど、なんと体型から勝手に判断しているということです。ですから、体型を変えることによって、相手に与える印象や性格は変えることができます。

❸ 体型により与える印象は決まる

外見的な特徴により決めつけられた性格は、3カ月から半年くらいまで第一印象として維持されることがわかっています。

ですから、**第一印象をよくしたい人は、まずは自分の体型を考えたほうがいい**ことになります。どんな体型がどのような性格を強調するのかを理解し、自分の性格の足りないところや自分が与えたい印象に応じて体型を変えればよいのです。

補足すると、顔もけっこう影響しています。アメリカのプリンストン大学の研究などでは、人間は相手の顔から能力や性格を判断しているそうです。ただ、顔は変えることができないので、体型を変えることに集中しましょう。

テキサス大学の研究では、さまざまな体型の男女の画像140枚を76人の学生たちに見せ、そこに写っている人の性格を判断する実験を行なっています。

具体的には、「支配的」「怖そう」「強そう」「物静かそう」「内向的っぽい」「外向的っぽい」といった人間の性格を表す言葉のなかから、写真の人物がどんな性格と思うかを当てはめてもらいました。つまり、写真を見て、どういう印象を受けるかを答えてもらったのです。

その結果、性格は体型の影響を受けていることがわかりました。普通に考えて、表情などから印象を読み取っていれば、同じような体型でも受ける印象はそれぞれ変わるはずです。たとえば、同じようにやせている人でも、表情などから明るそうと思われる人もいれば、暗そうと思われる人もいるということです。

ところが、実際には、体型によって、性格の判断にかなりの偏りがありました。まず、ほとんどの人が、太っている人、体重が重そうな体型の人に対して、「怠惰」「怠け者」「おっちょこちょい」といったネガティブな特性を当てはめたそうです。

逆に、やせていて体重が軽そうな体型の人に対しては、「自信がある」「情熱的」というポジティブな特性を当てはめる傾向が大きかったといいます。

ちなみに、運動すると人間関係が変わるとか、人生が変わる、とよくいわれます。太っている人が体型を変えるだけで、印象がガラッと変わり、自信があるとか、情熱的な人だと見られるようになりますから、運動をして体重を落としたほうがいいのです。

また、筋肉のついたいわゆる男性的な体型の男性、または、いわゆる女性的な体型の女性は、どちらも「外向的」「活動的」「行動力がある」と判断されやすいそうです。ですから、もうすこし外向的に見られたいとか、いろいろな人と仲よくしゃべりたいと思うのなら、外向的でよくしゃべりそうな人だと思われる体型になれば、相手から話しかけられるようになります。

私の場合も、昔はまったく筋肉がありませんでした。でも、体を鍛えると外向的なイメージをもたれるのか、けっこう話しかけられるようになり、自然と人間関係が広がっていきました。人間の行動は、まわりの期待によってかなり変わるものですから、外向的だと思われるだけで、自然と外向的な行動がとれるようになります。

　ただし、注意点もあります。マッチョな体型の男性と女性的な体型の女性には、「気が短い」「短気っぽい」と思われるネガティブな可能性があります。活動的で外向的だと思われているときに、怒りっぽいところを見せると、まわりから短気な人だと思われてしまうかもしれないので気をつけましょう。

　一方で、いわゆる中肉中背で、とくに太っているわけでもやせているわけでもない体型の人は、男女ともに「信頼できる」「温かみがある」という安心感を与える傾向があります。ただし、「シャイ」だと思われる傾向もあるので、このあたりは、**自分の性格の補いたいところを考えて、めざす体型を決めましょう。**

　とはいえ、せっかく体を鍛えて筋肉質の体になっている人が、そのために筋肉を落とそうとするのは話が違います。相手に安心感や信頼感を与えたいときには、ゆったりした服を着てみることで、あえてメリハリのない体型に見せるようにするなど、自分の体型をカバーする服装を心がけるというのもアリだと思います。

　ちなみに、体型についていろいろな研究を見てみると、どの文化圏でも同じような現象が確認されているようです。

内向的な人にまつわる三つのウソ

「彼は内向的だ」と言われる人もいれば、「自分は内向的なので……」と言う人もいますが、内向的な人間はけっこう誤解されていることが多いのです。

実際に、「自分は内向的だ」と思っている人にネガティブな要素はなく、たんなる思い込みにすぎません。

自分のほんとうの価値に気づいてもらうため、世の中でよくいわれる「内向的な人間は○○だ」という○○の部分が、じつはウソだというお話をしたいと思います。

また、外向的な人は、内向的な人と一緒にいても盛り上がらないとか、「誘っても微妙だ」と考えているかもしれませんが、内向的な人間にはこんな能力があるということがわかれば、そこから上手につきあうことができるようになります。同僚や部下に内向的な人がいるなら、その人を上手に使って、自分の立場を上げることもできるのです。

内向的な人間にまつわる三つのウソを紹介しましょう。

❶「内向的な人はシャイである」のウソ

そもそも、「内向的な人」と「シャイ」とは意味が違います。もちろん、内向的な人がシャイであるという場合もありますが、まったく関係がありません。

みなさんも想像がつくと思いますが、内向的な人は物静かで、口数も多くはありません。質問されたり、何か言われたりしたときに、言い返すのが遅いため、まわりは恥ずかしがっているとか、シャイだと思い込んでしまうのです。また、まわりがそう思うことによって、本人は、自分は話すのが得意ではないと思い込むようになります。

ですが、内向的とシャイは、その原因が違います。**内向的な人は、よく考えてからしゃべる傾向があるためシャイに見える**ことが、さまざまな研究によりわかっています。

内向的な人は、外向的な人のように勢いで答えたり、反射的に返事をしたりしません。また、まわりの人がいろいろと話しているときにも、一歩引いてそれをじっくり聞きながら考えています。その考えている時間がしゃべっている時間よりも長いので、まわりからはシャイに見えるということです。

内向型人間の研究者として有名なスーザン・ケインも、内向的とシャイは違うものだと言っています。内向的な人は、外から入ってくる過度の刺激を避ける傾向があります。ですから、**まわりからいろいろと言われるよりも、自分の頭で考えて結論を出すことに長けています**。

それに対して、シャイというのは社会的な拒絶への恐れがつくりだすものです。つまり、自分が何か発言すると否定されるのではないかと恐れているがゆえに、しゃべらないのがシャイな人です。

②「内向的な人はしゃべるのがへた」のウソ

内向的な人は、よく考えるために、しゃべるのがへただと思われがちです。でも、私も内向的ですが、かなりしゃべるほうですし、お笑い芸人でふだんはとてもしゃべるのがうまいのに、じつは内向的だという人も少なくありません。

外向的な人のほうが、人前でも緊張することなくしゃべれるようなイメージがありますが、じつは、内向的な人も同じくらいか、それ以上に、スピーチがうまいということがわかっています。

内向的な人は、前述したようにじっくり考えますから、本番前に入念な準備を行なって原稿を書き、話す練習をする傾向があります。だから**結果的に、いいスピーチをする確率が外向的な人よりも高い**ことがわかっています。ところが、外向的な人は、その場の雰囲気にあわせて上手にアドリブなどを入れるため、本番の一発勝負で挑むと、内向的な人が負けてしまうことが多いのです。

準備で勝負が決まるのが内向的な人、本番で勝負が決まるのが外向的な人と覚えておくと、それぞれに合わせた能力の活かし方ができるようになると思います。

③「内向的な人は外向的になれない」のウソ

外向的になれないから内向的なのではないか、と考える人も多いと思いますが、じつは、内向的な人も外向的になれます。正確に言うと、人間は内向と外向にはっきり分けることができないのです。

たとえば、鉄道が大好きで内向的だといわれる、いわゆるオタク系の人がいたとします。飲み会や合コンなどでは、自分は内向的だからしゃべるのが苦手だと思い込んで、実際にほとんどしゃべれなかったりします。でも、そんな人が鉄道好きな人たちが集まる場に行ったら、すごい勢いでしゃべったりするわけです。

これは、好きなことが目の前にあると、自分が内向的だとか外向的だとか考えずに行動しているからです。そもそも**内向と外向というのは連続した概念であり、私たちは、超内向的な人と超外向的な人のあいだにグラデーションのように存在しています。**

真ん中あたりの**両向型のゾーンにいる人もけっこう多い**のです。内向と外向のいいところをそれぞれとっているので、商売などをやらせるとうまいです。ときには内向的になったり、ときには外向的になったりと、切り替えがうまい人が商売上手になります。

ですから、自分は内向的だと思っている人でも、自分が得意なことや自信があることなら外向的になるというのであれば、どちらかというと両向型の可能性があります。自分は両向型なのかもと考えて行動すると、内向的だからしゃべれないという思い込みにはつながりません。ぜひ、自分は両向型の可能性があると考えてみましょう。

また、自分の得意なジャンルで外向的になるのなら、一時的に外向的にするのもいいのではないでしょうか。わが子が内向的だと心配している親御さんもいるかもしれませんが、内向的な人のほうが集中力が高く、物事をコツコツと続けるという研究もありますので、将来を悲観的に考える必要はありません。

こんな上司からは期待されないほうが得をする

人間はまわりの人間関係から大きな影響を受けますから、自分が尊敬できるような人と一緒に働いているとモチベーションが上がり、成功しやすくなるといわれます。著名な投資家のウォーレン・バフェットも、「自分の尊敬できる人と一緒に仕事をすることが重要だ」と言っています。

尊敬できる人と働いていると成長するのは、なぜでしょうか。仕事ができる人のそばにいれば、その影響を受けて仕事ができるようになるとも考えられますが、それだけでは説明できません。

じつは、尊敬できるような優秀な人と仕事をしていると、「すごい人と一緒に働いているんだね」と、まわりの人たちから期待をかけられます。人間は、**他人から期待をかけられると、それに応えようとがんばるので、モチベーションや能力が上がる**のです。実際、大人から期待されて育った子供のほうが、そうでない子供よりも成績がよくなるという研究結果も出ています。

とはいえ、逆に、まわりからまったく期待されなかったことで、すごい成功をする人もいます。その違いは何なのでしょうか。まわりがあまりいい人間関係でないときに、そうした恵まれない環境を利用して成功するにはどうすればいいか、ペンシルベニア大学の研究をもとにお話ししましょう。

ペンシルベニア大学では、３７１人の一般的なビジネスパーソンを対象に、上司や同僚から期待されているかを質問し、同時に、参加者の上司に、彼らが仕事でどれくらい成果を出しているのかを質問しました。つまり、本人が感じているまわりからの期待感と、実際に仕事で出している成果がどれくらい違っているのかを調べたのです。

普通に考えると、上司から期待されているほうがモチベーションも高くなり、成果が上がっているはずです。ところが実際には、自分はそれほど期待されていないだろうとか、自分が成功するなんて誰も考えていないだろうというように、**まわりからの期待感を低くとらえている人たちのほうが、上司から高く評価されていた**のです。

まわりから期待されているかどうかにかかわらず、成功するためのモチベーションについて、本人が意識して考えていることが左右するということもあります。ただ、その部分を考慮しても、やはり、期待されていないと感じている人のほうが、なぜか仕事のパフォーマンスが高かったのです。

この研究のもう一つの実験では、330人の男女を集め、パソコンを使って簡単なタスクを行なってもらいました。その際に、タスクを行なっている状況をほかの部屋からチェックしている人がいることを伝えました。

さらに、チェックしている人が、作業スピードにとても期待している場合、ほどほどに期待している場合、そして、期待していない場合の、三つのパターンに分けたのです。この実験でも、先ほどと同様の結果が確認され、期待されていない状況のほうが参加者の成績はよかったということです。

つまり、**現実の世界では、期待されていない人のほうが成果を出せる**のではないかということです。そこで、期待されることで能力が伸びる効果と、期待されていないことによって能力が伸びる効果のそれぞれに発動条件があるのかをさらに調べたところ、おもしろいことがわかっています。

589人を対象に、先ほどと同じように簡単なタスクを行なってもらいました。そのタスクを行なっている状況をチェックしている人がいて、参加者に期待している場合、ほどほどに期待している場合、期待していない場合の三つに分けます。

ここまでは同じですが、この実験では、作業をチェックする人は有能な人だと伝えた場合と、無能な人だと伝えた場合で分けました。要するに、研究チームは、期待されることにより能力が上がったり下がったりするのは、期待する側の能力が左右するのではないかと考えたわけです。

その結果、研究者たちの想定どおり、チェックする人が有能な人だと言われた場合は、その人が期待していないとなると能力は低下してしまいました。逆に、チェックする人が無能だと言われた場合は、その人が期待していないとなると能力は向上していました。

つまり、**有能な人に期待された場合には、モチベーションが上がる可能性がある**ということです。尊敬できる有能な人と一緒に働き、期待されることで、モチベーションが上がり、自分のパフォーマンスも高くなるのです。反面、有能な人に期待されていないことわかると人は不安になり、モチベーションが下がります。

一方、評価する側が無能だった場合は、どうでしょうか。無能な人に期待されていない状況、たとえば、ろくでもない上司がいて、自分のほうががんばっているのにまったく評価されていないうえに、無能な社員に期待しているという状況になると、負けず嫌いが発動し、見返してやろうというモチベーションにつながることがわかりました。

つまり、私たちは、**有能な人に期待された場合か、無能な人に期待されなかった場合にモチベーションが上がる**ということです。

自分は誰からも期待されていないと思えるときは、自分に期待していないやつらはバカだ、と思いましょう。あの上司はいくらがんばっても自分のことを見てくれないし、期待もしてくれないけれど、それはあいつが無能だからと思えばいいのです。

相手が自分よりも下の場合には、期待されないほうがモチベーションは上がります。ですから、誰からも期待されていないと決めつけるのではなく、自分は誰から期待され、誰から期待されていないのかを分けて考えるべきです。そして、期待されていない相手がわかったら、その人の能力に注目してみてください。

相手が無能であり、自分はあの人に期待されていないだけだとわかれば、みなさんのモチベーションは逆に上がり、仕事が進みやすくなったり、成果や成功をつかみやすくなったりします。そして、モチベーションが上がって自分のスキルを高めたら、その無能な上司の下から羽ばたいて独立していけばいいのです。

第4章

人生の宝物を手に入れよう！

心と体にダメージを与えないキャラクターの演じ方

人は、仕事の場では、自分の気持ちやキャラクターなどをある程度、偽って生きていかなければなりません。

たとえば、嫌いな上司がいたとしても、表面上は仲よくしなければならないし、バカなことを言ってくるお客がいたとしても、そのお客に向かって「お前、バカか」とは言えません。

このように、思っていることをあまり口にせず、**自分の感情を偽りながらコミュニケーションをとっていると、人間関係に疲れる人が非常に多くなる**そうです。

1983年のすこし古い論文ですが、キャビンアテンダント（CA）の健康状態を調べたものがあります。CAは、自分の本心や感情を偽らなくてはならない典型的な仕事と考えられ、そうした職業の人にどのようなデメリットが生じるのかを調べたのです。

結果は、素のキャラクターを隠して仕事をしていたCAほど、病気にかかりやすいことがわかりました。アメリカのテキサス大学が行なった学生を対象とした実験でも、同様のことがわかっています。

なぜ、ほんとうの自分とは違うキャラクターを長時間演じると、私たちの体にダメージがおよぶのかといえば、**自律神経がつねに気を張っている状態になる**からです。それにより、メンタルや体を壊しやすくなるのではないかといわれています。風邪にかかりやすい、腰痛や肩こり、頭痛などがひどくなる、夜眠れなくなる、疲れやすくなる、といった症状が顕著《けんちょ》になります。

とはいえ、普通に会社で働いていて素のキャラクターなんて出せないという人もいるでしょう。ただ、素のキャラクターを出して交渉した場合と、そうでない場合をくらべると、素のキャラクターで交渉したほうが成功率が高くなることが研究によってわかっています。

素のキャラクターを隠していると、自分のウソがばれていないかどうかに脳の一部分が使われるため、ふだんの力が発揮されなくなるのです。まったく自分を偽らないというのは難しいと思いますが、できるだけダメージを受けないようなキャラクターの作り方、演じ方はないのでしょうか。

アメリカのアリゾナ大学などが行なった研究では、教育や製造業、システムエンジニアや金融サービスなど、さまざまな業界の社会人2500人に、ふだんの仕事で同僚や上司、取引先などとコミュニケーションをとる際、自分の感情をコントロールしているかを質問しました。さらに、もし感情をコントロールしているのであれば、どのようにしているのかを答えてもらいました。

その結果、ほとんどの人が、ほんとうの自分とは違うキャラクターを少なからず演じていて、その演技には2通りあることがわかったのです。

❶ 浅い演技（表面上だけのコントロール）

これは、他人から見て、よく見えるようにしているだけです。

たとえば、頭の中ではイラッとしているけれど、笑顔で対応しているという感じです。感情をコントロールしているわけではなく、表面上だけコントロールする浅い演技です。

❷ 深い演技（自分の感情からコントロール）

たんに表情やしぐさ、会話を変えるのではなく、感情から変えようとする演技です。

たとえば、商談相手のひと言にイラッとしたとき、「いま、イラッとすることを言われたけど、この人が言うことにも一理ある。ここでイライラして商談をダメにするのではなく、この人物の性格を一つ知ることができたのだから、これをさらに分析すれば、必ず『ＹＥＳ』と答えてくれるような戦略を立てることができる」と、目の前で起こったことを再解釈して、感情そのものから変えているのです。

要するに、浅い演技の人たちは、嫌な気分になっても笑顔で対応しています。それに対して、深い演技の人たちは、自分が嫌な感情になったと気づいたら、その**嫌な感情をどうしたらポジティブな感情に変えられるかを考え、実際にポジティブな感情に変えたうえで相手に対峙していた**のです。

研究では、自分の行動を偽るだけの人と、感情から変えていこうとする人たちをくらべて、どちらのほうがダメージが少なくなるのかを調べています。

さらに、被験者たちのデータをまとめたところ、多くの場合、浅い演技と深い演技のどちらか片方だけを使っているわけではなく、両方を使っていて、その比率は人それぞれだということがわかりました。浅い演技が多い人もいれば、深い演技が多い人もいたのです。

それをまとめると、参加者は大きく四つのタイプに分かれました。

- ほとんど感情を偽らないグループ
- 浅い演技と深い演技の両方をすこしだけ使っているグループ
- ほとんどが深い演技で、浅い演技はほとんど使わないグループ
- 浅い演技と深い演技の両方を頻繁に使っているグループ

この四つのタイプのうち、やはり「ほとんど感情を偽らないグループ」がいちばんダメージが少なかったのですが、実際には多くの人が少なからず偽っています。それをふまえたうえで、さらにデータを分析したところ、興味深いことがわかりました。

「浅い演技と深い演技の両方をすこしだけ使っているグループ」、または、「頻繁に使っているグループ」は、自分の印象をよくして、相手に取り入って利益を引き出してやろうと、自分の感情を偽ったり演技をしたりすることが多かったのです。

さらに、「ほとんどが深い演技で、浅い演技はほとんど使わないグループ」は、じつは

その動機が違っていました。相手から利益を得たいということではなく、まわりの人ともっと仲よくしたい、人間関係をよくしたいと考えていたのです。

相手と仲よくなろうと考えて深い演技をするグループは、まわりに手伝ってもらう、いいアドバイスをもらうなど、強力なサポートを受けていました。そのため、ほかの三つのグループにくらべて、**仕事における目標達成率が非常に高かった**のです。

もちろん、自分を偽る演技はできるだけしないほうがいいといえます。ですが、現実的に自分の本音だけで生きることが難しい仕事をしていて、まわりとチームワークを固めてがんばっていきたいと思うのであれば、**自分の表面や行動だけを変えるのではなく**、どうすればみんなと仲よくできるようになるか、**自分の感情の根本部分を変える**ことを意識してみてください。

ちなみに、浅い演技と深い演技の両方をガッツリ使う人とすこしだけ使う人は、ストレスのレベルもかなり高く、とくに、両方の演技をガッツリ使う人は疲労感がきわめて高かったことがわかっています。

浅い演技でも深い演技でも、使う頻度が高くなればなるほどストレスレベルは高くなるのです。自分の感情を偽っている人は、その感情から変えるようにすれば、幸福度が下がらず、ストレスも最小限ですむのです。

人間関係にヒビを入れない親切の取り扱い方とは

人間関係やコミュニケーションにおいてもっとも気をつけなければいけないのは、親切の取り扱いです。日本人の常識としては、何か親切をされたときには、お返しをするという感覚があると思いますが、このお返しのやり方をまちがえると、人間関係にヒビが入ることがあります。

イギリスのサセックス大学で、人に親切にしたり、人から親切にされたりしたときに、どのような行動をすれば自分が得をし、相手によい影響を与えることができるかを調べた研究があります。

私たちの親切には、基本的に2通りあります。

❶見返りを求めないタイプの親切

たんに親切にしたい、喜ぶ顔を見たいから、というようなボランティア的な親切。

❷ おれや見返りを期待してする親切

科学者が「戦略的親切」と呼んでいるもの。

研究では、この二つの親切をしたときに私たちの脳がどんな反応をするのか、1150人分の脳をファンクショナルMRI（磁気共鳴機能画像法）で調べました。

その結果、**見返りを求めない親切は、人間に大きな幸福感をもたらし、脳の活性化につながる**ことがわかったのです。見返りを求める戦略的な親切よりも、見返りを求めず利他的な感情をもって行なった親切の場合は、脳のさまざまな部位で多くの場所が活性化していたのです。

私たちの脳は、見返りを求めない利他的な親切と、見返りを求める戦略的な親切を明らかに区別しています。見返りや報酬を求めて親切をすると、かえって損をするというのです。逆に、親切にされたときにお金で返そうとすると、親切にした側の脳の反応が変わり、親切にしたことから得られる満足感が減ってネガティブな影響が出てくることがわかったのです。

相手のためを思い、ただ喜んでほしくて親切にしたのに、お金で返されて寂しい思いをしたことは、誰でもあるでしょう。こうなると、親切をしたことへの満足感が減ることを、研究者が調べてくれました。実際、長期的な満足度も減ってしまいます。

親切をしたり、されたりするときに、報酬をやりとりしてはいけません。あなたの親切に対し、感謝の言葉を言われたら素直に受けとめて、報酬は受け取らないほうがいいのです。また、あなたが親切にされたときは、感謝の思いをしっかり言葉にして伝えましょう。

いつか報酬として返ってくる可能性があることは問題ありません。それを求めたりせずに、その場では感謝の言葉だけにしたほうがお互いに得をするのです。

つまり、**親切に対して報酬を出したり受け取ったりはしないというのが、人間関係をよくするための非常にシンプルなテクニック**なのです。みなさんも、見返りを求めない、軽い親切をたくさんするようにしましょう。

コミュ力の高い人が無意識にやっていること

コミュニケーション能力（コミュ力）が高いといわれる人は、どのようなことをしているのでしょうか。じつは、相手の口癖やしぐさを真似しているのです。真似をすると親近感が増すといわれますが、コミュ力の高い人は無意識にそれをしているのです。

アメリカのデューク大学で、105人の女性を対象に行なわれた実験があります。参加者の外向性を検査したうえで、全員に二人一組になって簡単なゲームをやってもらいました。そうすると、**外向性が高い参加者ほどコミュ力が高く見えて、相手の言葉や動作を真似する能力が高かった**という結果が出ています。

つまり、相手を真似たほうがコミュ力が高くなるということです。コミュ力が低いから会話が続かないという人もいますが、それはたんに話題性の問題です。コミュ力の高い人は話題を提供する能力が高く、相手の言葉や動作を無意識に真似ることで親近感を与え、相手から話題を引き出すことが上手でした。

この実験では、外向的な人がコミュニケーション能力が高いのは、この「真似ること」のためだとしています。

人は、他人とうまく関係をつくらないといけない状況になると、相手を真似るようになります。内向的な人は、相手を観察して気持ちを察しようとしますが、外向的な人はとにかく仲よくなろうと考えて、相手の動作などを真似するのです。

この模倣《もほう》というのはすごいシステムで、人間が進化の過程で手に入れたものだとされています。他人とうまく協力してチームワークなどをつくるために、相手を模倣して、言語や表情、ジェスチャーのようなものをつくりだしていったのではないかといわれているのです。

人と仲よくなるためには、その人と同じくらいのリアクションを心がけて、なるべく真似をしていくほうがいいのではないかということです。このような効果もすこし意識しながら、「真似をする」というコミュニケーションを心がけてください。

自分を偽らなければ嫌な相手は自然に離れていく

人の悩みのほとんどは、人間関係に関するものだといわれています。でも、悩みの原因となっている嫌な人が全員いなくなれば幸せになれるのかというと、そういうわけでもありません。仮にその人たちがいなくなったとしても、またどこからともなく同じように面倒くさい人が現れてくるからです。

では、どうすればいいのでしょうか。いちばん簡単なのは、自分のメンタルを鍛えることですが、それがなかなか難しいのです。

たとえば、面倒な上司やクライアントがいたとします。その人に対して不安感や恐怖感などのネガティブな感情を抱えていると、その感情を消すことはなかなか難しいものです。また、その感情を相手にぶつけて撃退することも簡単ではありません。

こうしたとき、自分のメンタルを変えることで、他人をスルーできるようになります。もっとも簡単な方法は、自分が「他人の目を気にしすぎている」ことを理解することです。

みなさんは、誰かに嫌われたと思ったり、よく思われていないと感じたりしたことはありませんか。そのほとんどは思い込みにすぎないのですが、嫌われていると思い込むと、リアクションや話し方まで変わってしまいます。結果、相手にネガティブな印象を与え、相手からもネガティブな反応を引き出して、お互いの人間関係が悪くなっていきます。

ですから、自分のメンタルを変えることがとても重要なのです。だからといって、相手に好かれようと思う必要も、無理をして従う必要もありません。どうするかというと、他人の目を気にしなければいいのです。そうすれば人間関係は大きく改善します。

私自身もあまり人とつきあうのが得意なタイプではなく、嫌な感情をもたれるのは嫌だなとか、面倒なことになると嫌だなと考えて、人間関係に距離を置いてきました。

でも、自分が思うほど、相手は自分のことを嫌っていないのではないか、意外に自分に心を開いてくれているのではないか、そもそも、**相手が心を開いてくれていようがそうでなかろうが、どちらでもいいのではないか**と思うようになると、自分の好きに動くことができるようになります。

こうなると、不思議なもので、好きになってくれる人や応援してくれる人たちが集まってきて、いつのまにか嫌な人たちは消えていきます。

なぜかというと、他人の目を気にせずに自分がどんな人間なのかをきちんと表に出していると、それに**共感できる人だけが自然と集まるようになり、嫌な人は離れていく**からです。

たとえば、私が、本を読むのが好きだという話をいつもしていると、同じように本を読むのが好きな人たちが集まってきます。逆に、本を読むのが好きではない人たちは、自然と離れていきます。万が一、その遠ざかった人のなかに私を攻撃してくる人がいたとしても、私と考え方や価値観が同じ仲間ができていれば攻撃されづらくなります。

結局、人間関係を激変させるためには、他人の目が気にならなくなることがとても重要です。他人の目が気にならなくなり、自分は自分、相手は相手、と思えるようになったうえで、自分を偽ることなく、人に親切にすることがとても大事なのです。

他人の目を気にしすぎて、自分を殺す生き方は危険です。

この三つの思い込みから抜け出せば人生が激変する！

自分の人生がなかなか変わらないという人や、苦しい状態を抜け出せない人、あるいは、煮詰まっている人がはまっている可能性が高い思い込み（バイアス）が三つあります。いずれも、人生に大きくかかわるであろうバイアスです。

バイアス❶＝利用可能性ヒューリスティック

人間の脳は処理能力で考えると、コンピュータよりも相当難しい計算ができますが、なるべく省エネをしようとします。そのため、ふだんからよけいなものを省いて手軽な決断をしているのです。

たとえば、料理をするときに、私たちは目分量で調味料を入れますが、コンピュータにはできません。量を正確にはかる必要があります。この「なんとなく」という感覚を処理できているのが、人間の脳のすごいところなのです。

すべてを正確にはかったり確認していたりしていると、いくら時間があっても足りません。また、相手が敵か味方かを見分けなければならない状況では、すぐに判断しないと生き残れないわけです。そのため、私たちは手軽な情報を使って、おおむね正しいと思える判断をするようにプログラムされています。

このような性質を、心理学では「利用可能性ヒューリスティック」といい、人はこうした情報や、パッと見てわかる情報で物事を決めます。これが、思い込みで判断する原因にもなるわけです。利用可能性ヒューリスティックに頼りすぎると、**見た目の安易な情報にだまされる可能性**があります。

たとえば、目の前に10万円のワインと1万円のワインがあれば、どう考えても10万円のワインのほうがおいしそうな気がします。これもある意味、利用可能性ヒューリスティックなのです。ワインに関する専門知識がなければ、自分が利用可能な情報は金額だけなので、10万円のワインに決めるのです。

ですから、難しい決断や大切な決断をする際は、**手軽な情報に頼って、調べる必要のある情報を無視していないか**と考える必要があります。

バイアス❷=現状維持バイアス

人は、人生や環境、仕事、人間関係、恋愛関係などの現状がとても悪い状況だったとしても、できるだけ現状を維持しようと思う残念な生き物です。

いまの状況から変わろうとしたら、いまよりも悪くなる可能性もあります。それならやめておこうと考えるのが、この「現状維持バイアス」なのです。これは、人生を変えることができない人がはまりやすい思い込みといえます。

たとえば、つきあっている男がワルだとわかっているのに、その関係をやめられない女性がけっこういますが、これも現状維持バイアスに陥っているのです。

じつは、現状維持バイアスの怖いところは、このあとです。まわりから一生懸命、説得されて、ようやく別れ、もう悪い男とは金輪際《こんりんざい》つきあわないと決めても、また同じようなワルとつきあってしまうということが起こります。

人間の脳は、**自分が慣れ親しんだものや、いままでと同じような結論になるものに対しては、それが悲劇になっても、なぜかそちらに進んでしまう**のです。つまり、自分を大事にしてくれるようないい人と恋愛をしたことがなければ、それは脳にとって未知の世界であるため、その選択を嫌がるのです。明らかに不幸になりそうな相手だったとしても、現状維持を貫こうとします。

私たちは、良くも悪くも現状維持を好む生き物です。ですから、人生における重要な変化につながる決断をするときに、やめておこうかなと思ったら、たんに脳が現状維持をしているだけなのではないかと疑ってみましょう。

守るべきものがあったり、明らかにその相手が大切だったりする場合でなければ、**あえて現状維持バイアスを振り払ったほうが人生が大きく変わる**可能性があります。なにかと理由をつけてなかなか人生を変えられない人は、たいてい、この現状維持バイアスの影響を受けています。

現状維持バイアスを振り払うには、住んでいる場所や服装、人間関係など、わかりやすい部分を変えると効果があります。とくに、性格は、半分以上は人間関係の影響を受けるものですから、つきあう人を変えることで現状を突破することにつながりやすくなるでしょう。

バイアス③=インパクトバイアス

これは人生において絶望しやすい人が陥りがちなバイアスです。

私たちは、夢を実現したらすばらしい毎日が待っていると思い込むものです。たとえば、理想の仕事に就けばすばらしい人生が待っているにちがいないとか、YouTuberになれば家で動画を撮るだけでお金を稼ぐことができて自由な人生が歩めるとか、社長になればで誰にも頭を下げることなく生きていくことができるなどと考える人もいると思います。

でも、残念ながら、人間の喜びは思ったほど長く続くものではありません。何かを達成したとしてもすぐにそれに慣れてしまい、自分が夢に見た状況や夢見たことを手に入れても、幸福度は元の状態にもどります。

長期間、同じ喜びは続かないのに、一度手に入れた大きな喜びは永遠に続くと思い込んでしまうのが「インパクトバイアス」です。

また、ほとんどの人が、夢見ている状況や理想が叶《かな》ったときの感情や自分の幸せ度を、かなり大きく見積もります。その結果、努力してその夢見た地位を手に入れたときに、実際にはこんなものだったのかと感じたり、自分が望んだところにきたけれどそんなにいいものではなかったと感じたりするのです。

このように夢や望みを達成しても、絶望感や落胆を感じるのがインパクトバイアスです。つまり、人間は自分の夢や理想が叶ったときの期待を大きくしすぎるのです。重要なのは、それを保つために自分が変化していくことや、維持していくための努力です。

達成したら終わりではなく、そこが始まりなのです。

それを考えていないと、どんなに望む結果や理想を手に入れたとしても、私たちは人生に絶望していくことになり、元のところにもどります。

以上が、人生を変えることを妨げる思い込みです。逆に言うと、この三つの思い込みを突破することができれば、人生は大きく変わるわけです。

私たちは、人生を大きく変えるためには、大きな成長をしたり、チャンスをつかんだりする必要があると考えがちです。でも実際には、こうしたよけいな思い込みを取り除くだけで、ほかの人よりも抜きん出ることができるようになるのです。

やる気と自信といい人間関係を1週間で手に入れる

イギリスのケント大学の研究で、学生たちを集めて1週間、あることに関する文章を書いてもらいました。それによって、学生たちのメンタルがどれくらい変わるのかを調べたのです。

その結果、人生や勉強に対するモチベーションが大きく上がり、自分を好きになれない感覚が軽減して、自分に自信がもてるようになったというのです。さらに、他人に対する思いやりや共感能力、協調性まで上がり、人間関係も良好になったといいます。ストレスレベルも軽減し、同じような活動や行動をしてもストレスを感じづらくなったこともわかっています。

たった1週間、あることを書くだけでこんなにも大きな効果が現れたわけです。そのあることとは何かといえば、**「自分がどのように死ぬか」**でした。

たとえば、自分の人生が明日終わるとしたら、自分は何をするだろうか、余命が1カ月だと言われたら何をするだろうか、自分が死ぬときにいまの自分に対してどう思うだろうか、みんなにどのように思われて死にたいか、いま死ぬとしたら誰に感謝を伝えたいかなど、自分の死にまつわることを考えて、それを書いてもらったのです。

そんなことをすると、メンタルを病んでしまいそうだと思うかもしれませんが、実際には、前述のように、さまざまな前向きな効果が表れました。

誰でも自分の死はとても怖いものです。自分の死について意識したくはありません。ですが、死の恐怖に向き合うことには、とても大きな効果があるのです。**死について考えることで、いま自分が生きていることに対するありがたみが増します。**

漫然とやる気を感じないとか、人間関係が面倒だ、自分に対する自信がないという人でも、死を意識し、なにげない毎日の時間がいかにありがたいものかを理解すると、人生に対して希望をもつようになります。

死というものについて考えると、いまがいかに恵まれているかに目が向くようになり、その結果、モチベーションが上がります。1週間で自分のやる気を上げて自信を深め、人間関係もよくしたいと思うのであれば、自分の死について考えてみてください。そして、実際に紙に書いてみるのがいいと思います。

いつかは独立したい、自分の可能性に挑戦したいと考えている人も、いままではまわりの環境のせいにしたり、できない理由を並べたりしていたかもしれません。でも、モチベーションの高まりとともに一歩を踏み出せるようになるはずです。

ほんとうに信じられる人間関係をつくる唯一の方法

ハーバード大学の研究では、人生の良し悪しを決めるのはお金や仕事ではなく、人間関係がどれくらい充実しているのかだとしています。

私のように友達が少ないタイプの人にとってありがたいのは、この人間関係の充実は数ではないことです。Facebookで何千人の友達がいても、あまり意味がないのです。

友達が社会的にまずい立場に追いやられたとしても必ず助けてあげたいと思い、逆に、自分がそのような立場になったときには助けてくれる友達がいるかどうかです。こうした友達がどれだけいるかが、人生の質を左右するのです。

カンザス大学の研究で、ほんとうに心をオープンにしてつきあうことができる友達のつくり方について調べています。それによると、人間関係のつくり方には大きく二つあります。

❶選択的人間関係

その人と会いたいから自分で連絡をとろうとか、その人と話をしたいから自分で予定を立てて連絡をするというように、自分から積極的に選んだ人間関係です。

❷閉鎖系人間関係

閉鎖された空間や環境があるので会わなければならないという人間関係です。たとえば、会社の同僚、学校のクラスメイト、近所の人や親戚というような、自分で選んだわけではなく、環境が強制したので会わなければならない人間関係のことです。

私たちの人生を決める人間関係は、この二つを総合したものです。

いわゆる親友と呼べる関係は、その人がいれば安心でき、信頼し合える関係をいいますが、**人生にとって大きな価値になるような人間関係をつくるときには、「選択的人間関係」に時間や労力を投資したほうがよい**ということをカンザス大学の研究が明らかにしています。

会社の同僚だから友達になった、クラスが同じだったから友達になった、大学のサークルが一緒だったから友達になったなど、いろいろな状況がありますが、実際には、学校や会社で一緒に過ごしても、それ自体にはあまり意味がありません。

学校や会社が終わったあとに、そこから選択的に会いたいと思い、相手も会いたいと思った関係だけが、人生に大きな影響を与える親友と呼べる関係になるのです。

ですが、自分がその人と仲よくなりたいと思って選んだとしても、実際に仲よくなれなかったら凹んでしまうと思いませんか。このようなことについても、カンザス大学の研究は非常に興味深い結果を示しています。心を許すことができる親友になるためには、どのような条件を満たすことが必要なのかを調べているのです。

これは、新しい人間関係をつくらなくてはいけない状況になった429人を対象にした研究です。具体的には、過去6カ月間に新しい街に引っ越した人たちだけをオンラインで集め、新しい街で出会った人とどれくらいの時間を過ごしたのか、どのように仲が深まっていったのかを定期的にたずねました。

その結果、新しい人間関係をつくったとき、その人がいわゆる**親友と呼べるような関**

係になるために重要なのは、じつは時間だけだったということがわかっています。

一緒に過ごしている時間に比例して、二人の仲は深まっていきます。どんな会話をするかとか、どんな活動をするのかとは関係がなく、自分が選択的に選んだ人であれば、その人と過ごしている時間を長くするほど関係が深まっていくということです。

さらに、この研究は、何時間一緒に過ごせば、親友や心を許す関係になるのかも明らかにしています。自分が選択的に選んで会ったうえで、一緒に過ごした時間が50時間を超えてくると、いわゆるカジュアルフレンドと呼ばれる、ときどき顔をあわせるくらいの友達にはなれます。

そして、90時間くらい会うと、その関係性は大きく深まり、いわゆる気のあう友達になれます。一緒にいると楽しいと感じたり、あいつとは気があうと思えたりするような友達になれるのがだいたい90時間でした。

それでは、親友と呼べるような親密な友達になるためには、どれくらいの時間が必要でしょうか。それには平均200時間が必要でした。自分から連絡をとり、その人と200時間一緒に過ごすようにすれば、かなり仲よくなることができます。

いきなり200時間と考えるときついかもしれませんが、まずは50時間一緒に過ごせばカジュアルフレンドになれて、90時間一緒に過ごせば相当気のあう友達になれますから、そこからさらに200時間にいくのは、それほど難しいことではありません。

気のあう友達や親友になるためには、共通する趣味が大事だと言う人もいますが、会話がなくても相手と一緒にいる時間を稼ぐことができる行動が、共通する趣味だということです。そういう意味では、**相手の趣味にちょっと乗ってみるというのも悪い考えではない**と私は思います。

一緒に過ごす時間が自然と増えて親密さが増していくだけでなく、自分では興味をもたないような新しいジャンルの体験をすることもできます。

● 自分で選択して会う
● 一緒に過ごす時間を増やす

仲のいい友達をつくるためのポイントはこの二つです。こう考えれば、いい友達をつくるのはけっこう簡単ではないでしょうか。

人間関係で損する人と得する人を決めるのは信用度

なかなか人間関係がうまくいかない人、あるいは本人は悪くないのに悪い人ばかりがまわりに集まってきて、人間関係で損をする人がいます。人間関係で損する人と得する人の違いは、「信用プレミアム」をつくれるかどうかです。つまり、まわりからどれだけ信用されているかです。

誰でも自分が信じている人に対しては、よくしようと思うものです。信じている人のことはだまさないし、信じている人には大事なことをまかせたいと思うし、信じている人の頼みであれば応えたいと思うはずです。結局、**人間関係で得をする人とは信用される人**なのです。

そこで、人間はどのようなポイントで人を信用するのか、どのような行動を心がければ人に信用してもらえるのかを理解する必要があります。

いわゆる「いい人」には、2通りいます。

一つは、とても信頼に足る人間で、自分の決断や大事なことを相談できて、人生で大きな挑戦をするときには絶対にその人と一緒にしたいと、能力的な部分を含めて信用がおける人です。

もう一つは、なんでもすぐに信じてついていったり、いい人すぎて他人を批判することもできなかったりするような人です。

この違いは、かなり大きいです。能力も含めて信頼に足る人は、へたにその人をだまそうとしても返り討ちにあう可能性があり、悪い人たちも手を出しにくくなります。ところが、そんなに能力が高そうではなく、いい人に見られる人は、簡単にだませるだろうと思われて悪い人たちが集まってきます。そうなると、人間関係で損をしやすくなるのです。

人が信用されるための条件は、次の二つです。

❶ 能力があるという証明
❷ 意志の力が強いというアピール

人間は能力が高くて、意志の力が強い人のことを魅力的だと思い、信用できると考えるものです。能力が高く意志の力も強いので、自分の仲間を守るためにリスクをとることもできます。だから、誰もだまそうとは思わないし、もしだまして敵にまわしたら、絶対に復讐されます。やり返されたらかなり怖いので、悪い人たちはその人のまわりには寄ってきません。

また、一緒に仕事をしたい、ｗｉｎ－ｗｉｎの人間関係を築きたいと思っている人は、必ずある程度能力が高くて、意志の力が強い人を探します。ですから、その人のまわりにはいい人が自然と集まるわけです。

能力があることを示すのは大事ですが、自分の実績や経歴をやたらとアピールされると嫌気がさします。このような直接的な自慢をすると嫌な人にしか見えませんし、実際には自分の能力に自信がないことが多いのです。当たり前ですが、自分の能力に自信がある人は自慢はしません。

では、どうすれば能力があると相手に思ってもらえるのでしょうか。じつは、**能力がありそうだと思わせる態度やしぐさをとることができているかどうかがとても重要**なのです。

ここで、信用度を高めるために、ぜひとっていただきたい態度を二つ紹介します。

❶ 相手と目をあわせる

日本人はなかなか面と向かって人とは目をあわせない人が多いですが、目をあわせることはとても重要です。

なぜなら、目をあわせるということは、ＩＱ（知能指数）の高さと相関関係があるからです。**ＩＱが高い人や頭がいい人、能力が高い人ほど、相手と積極的に目をあわせる**ことがわかっているのです。

人は、目をあわせる回数が多いと思う人に対して、直感的に、能力が高そうで高い知性をもっていると判断します。ですから、自分の能力はそんなに高くないと思っていても、意図的に相手と目をあわせるようにすると、高い知性があると判断されやすくなるのです。

たとえば、上司や先輩になめられると、面倒な仕事を振られたり、都合よく利用されたりします。そんな相手とは仲よくしておいたほうが得ですから、できるだけ目をあわせて話すようにしましょう。相手はなんとなくプレッシャーを感じ、面倒な仕事が振られる可能性が減ります。

また、先輩や上司が自慢話をちょっと盛って話しているときには、楽しそうに聞いていると思わせつつも、目をそらさないようにします。そうすると、その盛った部分を見透かしているような、手ごわい印象を与えることができます。この〝手ごわい〟というのがすごく重要です。

そのほか、「話の内容がわかりやすい」「すこし早口である」「ジェスチャーが多い」「うなずく回数が多い」「背筋が伸びている」なども、能力を高く見せる話し方で、どれも練習すればすぐにできることです。まずは目をあわせることから始めましょう。

② ストイックさを示す

人は、誘惑や欲求に負けやすい人を信用しない、という特性があります。これは考えれば当たり前のことで、味方であっても、意志の力が弱い人や誘惑に負けやすい人は裏切る可能性があるからです。

信用できない人と組んだら、土壇場《どたんば》で裏切られる可能性もありますから、自分のことを裏切らないかどうかを見たいのです。もともと敵ではないことを判断するのは当然ですが、同時に誘惑に負けないかどうかをちゃんと見極めます。

ダイエットをすると言いながら食べすぎる、衝動買いをする、自分が決めたことを守らない、遅刻をするなど、**自制心が足りないような行動をとる人は、信用度が低下する**ことが研究により示されています。

逆に言えば、**自分が決めたことをコツコツと守っているストイックさをまわりに示すことによって、信用は高まる**ということです。

ストイックになるためには、せめて他人が見ている前では誘惑に負けないことです。まわりから見たときにストイックだなと思われる行動を、ほかの人にも見えるところで習慣づけていくようにしましょう。

信用プレミアムを身につけるのは大変だとは思いますが、これを意識して始めるのは簡単ですから、ぜひ実践してみてください。

「どうでもいい人」から卒業するための三つのテクニック

人を助けたり、ボランティアや親切を行なったりするのはすばらしいことです。心理学的にも、さまざまなメリットがあるということがわかっています。でも、相手に好かれようと思って、相手のことを一生懸命助けようとするのはあまり意味がないということが、研究により指摘されています。

同性でも異性でも、年上でも年下でも、誰かと仲よくなろうと思うと、相手のために何かをしてあげよう、できることがあれば何か助けてあげたいと考えるのが人情ですが、心理学的な戦略としては、それよりもいい方法があるのです。

イギリスのハートフォードシャー大学のリチャード・ワイズマン氏による研究をもとに紹介しましょう。

嫌われるのが怖くて、まわりからの頼み事を断ることができないとか、まわりから好かれたいし、社会的にもいい立場でいたいから、「NO」と言えないという人がいます。でも、実際に人が好きになるのは、助けている相手だということが、さまざまな研究によりわかっています。

つまり、**好きになってほしい人がいたら、その人に助けてもらうといい**のです。その人からたくさん助けてもらえればもらうほど、好かれていきます。

なぜ、助けた相手のことを好きになるかについては、いろいろな説があります。その一つが「認知的不協和の解消理論」です。簡単に言うと、基本的に脳は矛盾を嫌うので、矛盾が起きたらつじつまをあわせようとします。

みなさんが最近、助けてあげた人や、ふだん助けてあげたい人は、当然、大事な人のはずです。大事な人を助けたいのですから、そんなに好きではないとか、あるいは、嫌いだという人を助けたら矛盾が生じます。

その矛盾を解消するために、脳は助けた相手に対して、「自分はよく思っていなかったけれど、よくよく考えてみると言っていることもまともだし、この人にもいいところはある。ほんとうは好きだったのではないか。好きだったからこそ助けたわけだ」と、勝手に自分の感情を変えてしまうのです。

ところで、どんな頼み事でも聞いてくれるし、いつも助けてくれるけれど、なぜか恋愛対象にならず、「いい人」ならぬ「どうでもいい人」になる人がいます。じつは、これは人に助けてもらっていないのです。

自分が助けることで、相手をどんどん好きになります。しかも、これだけ助けているのだから、相手も自分のことを大事に思ってくれているはずだ、と期待度をどんどん上げていきます。

ところが、助けてもらうことがないと、相手からの好意は上がりません。そうすると、友達だと思っていたのに土壇場で裏切られたとか、相手はそれほど自分に好意をもっていなかったということが起こります。実際、自分が友達だと思っている相手が、自分のことを友達だと思っている確率は、およそ50パーセントだといわれています。

ですから、**他人から好かれるためにいちばん大事なのは、「上手に助けてもらう技術」**です。相手に小さな頼み事や小さな親切をお願いして、それを助けてもらいましょう。いかにまわりに助けてもらうかを考え、かつ、相手にあまり負担をかけない細かいことで助けてもらうのが、いい人間関係をつくり、他人に嫌われないようにするためのいちばん強力なテクニックです。

ところが、多くの人がこの逆をしています。好かれたいと思ってまわりのために一生懸命つくしたのに、まわりからはあまり好かれず、やがて限界がきて、人間関係に疲れてしまうのです。そうなると、いざというときに助けてくれる人がいなくなり、利用しようとする人ばかりが集まってきます。

そもそも人間は弱みで愛される生き物ですから、**自分の弱みや苦手なところを見せることによって、相手が「助けてあげやすい人」になる**ようにしてください。

私の場合は、本をたくさん読んでいて、なんでも知っているようなイメージをもたれやすいのですが、当然、知らないことはたくさんあります。そんなときには、興味をもって教えてもらうようにしています。助けてもらうことで好かれることにもなります。

とはいえ、他人に助けてもらうことに、抵抗がある人もいると思います。お願いしても断られたらどうしようかとか、相手の負担になってしまうのではないかといったことを気にする人もいるでしょう。

相手の負担にならず、かつ、断られて傷つくことがないように、上手にまわりに助けてもらうための三つのテクニックを紹介しておきます。

❶頼み事は相手にもメリットがある

まず、他人に頼み事をするのは悪いことではなく、むしろ相手にとってメリットがあるということを理解してください。つまり、みなさんが頼み事をして、相手がそれに応えてくれたときには、相手にも心理的に大きなメリットがあるということです。

他人に頼ることに対して、他力本願というイメージをもつ人もいれば、他人に頼ってばかりだと批判する人もいますが、相手がそれをどう思っているかは、相手の立場に立ってみないとわかりません。頼み事には、面倒な場合とそうでない場合があります。自分の苦手なことや嫌いなことで頼られると、面倒くさいのです。

では、どんな頼み事であれば快く受け入れるかといえば、自分の得意なことです。自分の得意なことで頼られると、自分が尊重されているとか、自分が認められているという感覚を得ることができ、自尊心も高まるし、自分に存在価値があると感じます。**頼み事をすることで、相手の存在価値を認めることになる**のです。

私の場合、心理学的な対処方法について聞かれたりアドバイスを求められたりすると、水を得た魚のように知識を紹介することができ、とても満足します。自分が勉強したことが多くの人の役に立っていて、自分が必要とされていると感じるのです。

この、**必要とされている感覚は、人間がお金を出してでも手に入れたいと思っているのに、お金を出してもなかなか手に入れることができない**ものです。ですから、相手のことを観察し理解して、相手がもっている高い能力や得意なこと、あるいは、相手の自尊心を刺激するようなジャンルで助けを求めるようにしてください。

❷ 頼み事は意外と断られない

人は頼み事をされて、それを断ることはほとんどありません。これも先ほどと同じように、自分が頼み事をされる側であれば、どのように感じるかを考えると見えてきます。どうでしょう、断るのはとても気まずいと思いませんか。

つまり、頼まれる側は、頼まれたことを断るのは気まずく、時間やお金、労力がかかりすぎることでなければ、できるかぎり助けてあげたいと思うわけです。

実際に、頼み事をしたときに、それを断られる確率は私たちが思っているよりもかなり低いということが、さまざまな研究によりわかっています。私たちが想定している確率の2倍くらいの確率で、相手は「ＹＥＳ」と答えてくれるのです。

うまく願い事を受け入れてくれた場合には、相手から好かれやすくなるわけですし、仮に断られても、頼まなかったときと同じ状況にもどるだけですから、頼まない手はありません。

こうした研究では、とても時間や手間がかかるアンケートをお願いしたりする実験をしますが、みなさんは**相手に好意をもってもらうためにお願いをするわけですから、ハードルを極力下げた小さな頼み事でいい**のです。些細な親切を回数を重ねてお願いするようにしましょう。

❸ 返報性の暗示

自分が頼られてばかりの場合には、相手に「返報性の暗示」を埋め込んでください。暗示を埋め込むというとかなり怪しい感じもしますが、実際にはとても簡単なものです。

これは、頼み事を引き受ける場合にとるべき行動で、二つあります。

一つは、頼み事を引き受けるときには、自分も何か頼み事をするのです。まず、相手の頼み事を引き受けるわけですから、その時点でみなさんはとてもいい人です。そして、かわりにこれを頼みたいとお願いをして、仮にそれを相手が引き受けない場合、相手はとても嫌な人になってしまいます。

こうした罪悪感を使って相手をコントロールする方法は、昔から悪い人が使ってきたものですが、みなさんが頼られてばかりで困っているという場合であれば、使ってもいいと思います。

二つ目は、将来、協力してもらう約束をとりつけることです。頼み事を引き受けるかわりに、何かお願いをしようとしても、お願いすることがとくにないという場合もあると思います。そんなときは、「困ったときはお互いさまだから引き受けるよ。もし困ったときには助けてね」と返しましょう。

具体的な頼み事がある場合は、たとえば、

「もちろん引き受けるよ。今度、ぼくが家族の都合で早く帰らないといけないときには助けてね。ぼくたち友達だよね」

と答えます。

大事なのは、**相手に「そうだよ!」と言わせて、将来の協力の約束をとりつける**ことです。こうすることで、実際に困ったときに、助けてくれる確率が上がるのです。

ギブ・アンド・テイクのドライな関係のようにも見えますが、ふだんからこうしておくと、お互いに助け合う関係になるため、親しい関係になれます。ちなみに、これは嫌いな人と仲よくなるときにも使えるテクニックです。

Hochwarter (2020). “Are coworkers getting into the act? An examination of emotion regulation in coworker exchanges”
“Arlie Hochschild: The Presentation of Emotion” <https://www.sagepub.com/sites/default/files/upm-binaries/13293_Chapter4_Web_Byte_Arlie_Russell_Hochschild.pdf>
James W. Pennebaker (1997). *Opening Up: The Healing Power of Expressing Emotions.*
ティモシー・A・サイズモア『セラピストのためのエクスポージャー療法ガイドブック：その実践とCBT、DBT、ACTへの統合』(2015年)
Nathan Heflick (2014). “Thinking about death can make you value life more”
Nora A. Murphy (2007). “Appearing smart: the impression management of intelligence, person perception accuracy, and behavior in social interaction”
Francesca Righetti, Catrin Finkenauer (2011). “If you are able to control yourself, I will trust you: the role of perceived self-control in interpersonal trust, Francesca Righetti”

「パレオな男」「Yu Suzuki」<http://yuchrszk.blogspot.jp/>
「パレオチャンネル(鈴木祐)」<http://sp.ch.nicovideo.jp/paleo>

Alison Wood Brooks, Hengchen Dai, and Maurice E. Schweitzer (2013). "I'm Sorry About the Rain! Superfluous Apologies Demonstrate Empathic Concern and Increase Trust"
Tali Sharot (2018). *The Influential Mind: What the Brain Reveals About Our Power to Change Others.*
Scott A. Golder, Michael W. Macy (2011). "Diurnal and seasonal mood vary with work, sleep, and daylength across diverse cultures"
Man-pui Sally Chan, Christopher R. Jones, Kathleen Hall Jamieson, Dolores Albarracín (2017). "Debunking: A Meta-Analysis of the Psychological Efficacy of Messages Countering Misinformation"
Amy J. C. Cuddy, Susan T. Fiske, Peter Glick (2008). "Warmth and Competence as Universal Dimensions of Social Perception: The Stereotype Content Model and the BIAS Map"
『知ってるつもり―無知の科学』スティーブン・スローマン／フィリップ・ファーンバック著、土方奈美訳、早川書房、2018年

●第３章――――

Deborah Son Holoien, Susan T. Fiske (2013). "Downplaying positive impressions: Compensation between warmth and competence in impression management"
Heidi Grant Halvorson (2015). "No One Understands You and What to Do About It"
Michelle Kilpatrick, Kristy Sanderson, Leigh Blizzard, Brook Teale, AlisonVenn (2013). "Cross-sectional associations between sitting at work and psychological distress: Reducing sitting time may benefit mental health"
Joseph Chancellor, Seth Margolis, Katherine Jacobs Bao, Sonja Lyubomirsky (2018). "Everyday Prosociality in the workplace: The reinforcing benefits of giving, getting, and glimpsing"
Francesca Gino (2018). "The Business Case for Curiosity"
Lingtao Yu, Michelle K. Duffy and Bennett J. Tepper (2018). "Consequences of Downward Envy: A Model of Self-esteem Threat, Abusive Supervision, and Supervisory Leader Self-improvement"
Li Huang, Francesca Gino, Adam D. Galinsky (2015). "The highest form of intelligence: Sarcasm increases creativity for both expressers and recipients"
メンタリストDaiGo「嫌なやつを逆に利用する方法【尊敬と軽蔑のロールモデル】」<https://www.youtube.com/watch?v=sIy4SLCKgmo>
Ying Hu, Connor J. Parde, Matthew Q. Hill, Naureen Mahmood, Alice J. O'Toole (2018). "First Impressions of Personality Traits From Body Shapes"
Christopher Y. Olivola, Friederike Funk, Alexander Todorov (2014). "Social attributions from faces bias human choices"
Laurie Helgoe (2013). *Introvert Power: Why Your Inner Life Is Your Hidden Strength.*
Yilu Wang, Jianqiao Ge, Hanqi Zhang, Haixia Wang, and Xiaofei Xie (2020). "Altruistic behaviors relieve physical pain"

●第４章――――

Allison S. Gabriel, Joel Koopman, Christopher C. Rosen, John D. Arnold, Wayne A.

《参考文献一覧》

●序章

James W. Pennebaker (2014). *Expressive Writing: Words That Heal.*

Carol Dweck (2017). *Mindset-Updated Edition: Changing The Way You think To Fulfil Your Potential.*

Kate Hefferon(2013). *Positive Psychology and the Body: The Somatopsychic Side to Flourishing.*

Eilin Ekeland, Frode Heian, Kåre Birger Hagen, Jo Abbott, Lena Nordheim (2004). "Exercise to improve self-esteem in children and young people"

William E. Copeland, Dieter Wolke, Suzet Tanya Lereya, Lilly Shanahan, Carol Worthman, and E. Jane Costello(2014). "Childhood bullying involvement predicts low-grade systemic inflammation into adulthood"

●第１章

Daniel J. Dickson, Brett Laursen, Olivia Valdes and Håkan Stattin(2019). "Derisive Parenting Fosters Dysregulated Anger in Adolescent Children and Subsequent Difficulties with Peers"

Mai Stafford, Diana L. Kuh, Catharine R. Gale, Gita Mishra, Marcus Richards (2016). "Parent-child relationships and offspring's positive mental wellbeing from adolescence to early older age"

Anna Dorfman, Harrison Oakes, Igor Grossmann (2019). "Rejection sensitivity hurts your open mind: Effects of rejection sensitivity and power position for wise reasoning in workplace conflicts"

Emma Levine, Taya R. Cohen (2017). "You Can Handle the Truth: Mispredicting the Consequences of Honest Communication"

Erica J. Boothby, Gus Cooney, Gillian M. Sandstrom, more (2018). "The Liking Gap in Conversations: Do People Like Us More Than We Think?"

Magdalena Rychlowska, Rachael E. Jack, Oliver G. B. Garrod, Philippe G. Schyns, Jared D. Martin, Paula M. Niedenthal (2017). "Functional Smiles: Tools for Love, Sympathy, and War"

Eti Ben Simon & Matthew P. Walker (2018). "Sleep loss causes social withdrawal and loneliness"

Ph.D. Simon, George K., Jr. (2010). *In Sheep's Clothing: Understanding and Dealing With Manipulative People.*

●第２章

Varoth Chotpitayasunondh, Karen M. Douglas (2018). "The effects of "phubbing" on social interaction"

Alex C. Huynh, Daniel Y.-J. Yang, Igor Grossmann (2016). "The Value of Prospective Reasoning for Close Relationships"

Madsen Pirie (2007). *How to Win Every Argument: The Use and Abuse of Logic.*

Bo Bennett (2018). *Logically Fallacious: The Ultimate Collection of Over 300 Logical Fallacies.*

【著者略歴】

メンタリストDaiGo（めんたりすと・だいご）

慶應義塾大学理工学部物理情報工学科卒。人の心を作ることに興味を持ち、人工知能記憶材料系マテリアルサイエンスを研究。イギリス発祥のメンタリズムを日本のメディアに初めて紹介し、日本唯一のメンタリストとしてTV番組に出演。その後、活動をビジネスやアカデミックな方向へ転換、企業のビジネスアドバイザーやプロダクト開発、作家、大学教授として活動。趣味は1日10〜20冊程度の読書、猫と遊ぶこと、ニコニコ動画、ジム通いなど。

ビジネスや話術から、恋愛や子育てまで幅広いジャンルで人間心理をテーマにした著書は累計420万部を超える。

主な著書に『あなたの知識を驚くべき結果に変える 超戦略ノート術』（学研プラス）、『超影響力―歴史を変えたインフルエンサーに学ぶ人の動かし方』（祥伝社）、『「好き」を「お金」に変える心理学』『最高のパフォーマンスを実現する超健康法』『自分を操り、不安をなくす究極のマインドフルネス』（以上、PHP研究所）、『ワンコイン心理術』『ワンフレーズ心理テクニック』（以上、PHP文庫）などがある。

●YouTube「メンタリストDaiGoの心理分析してきた」
<https://www.youtube.com/user/mentalistdaigo/>
●メンタリストDaiGo独自の動画配信サービス「Dラボ」
<https://daigovideolab.jp/>

装丁――井上新八
撮影――巣山サトル
スタイリング――松野宗和
ヘアメイク――永瀬多壱（Vanités）
イラスト――齋藤稔（ジーラム）
編集協力――月岡廣吉郎

超報復力
いじめる相手を徹底的に見返す方法

2021年8月13日　第1版第1刷発行

著　　者　メンタリストDaiGo
発行者　後藤淳一
発行所　株式会社PHP研究所
東京本部　〒135-8137　江東区豊洲5-6-52
第一制作部　☎03-3520-9615（編集）
普及部　☎03-3520-9630（販売）
京都本部　〒601-8411　京都市南区西九条北ノ内町11
PHP INTERFACE　https://www.php.co.jp/
組　　版　月岡廣吉郎
印刷所　大日本印刷株式会社
製本所　株式会社大進堂

 ISBN978-4-569-85002-3